원 베네딕트 지음

감사의 말

행복을 나누는 사람들

예수님이 산 위에서 들려주신 8가지의 행복 이야기는, 행복을 찾는 우리에게 주신 최고의 선물입니다. 예수님은 가르침과 그분의 삶을 통해 모두가 행복할 수 있는 방법을 알려주셨습니다.

예수님의 귀한 가르침을 부족한 견해로 해석하여 책을 쓴다는 것에 부끄러움을 느끼면서도, 행복을 찾는 분들에게 자그만 도움이 되었으면 하는 마음입니다.

이 책의 원고는 인도네시아의 자카르타에서 마무리했습니다. 그곳에서 나는 소유의 많고 적음에 관계없이 행복하게 사는 분들을 많이 만났습니다. 그들은 예수님의 가르침대로 살려고 노력하는 사람들이었고 나눔과 베풂의 삶을 살고 있었습니다.

자카르타의 많은 젊은이들을 모아주시고 그들에게 말씀을 전할 수 있도록 자리를 마련해주신 자카르타 늘푸른한인교회 김신섭 목사님과 교인 분들께 감사드립니다. 귀한 섬김은 우리 모두에게 감동이었고, 행복한 얼굴은 우리에게도 행복의 선물이 되었습니다. 특별히 승연 자매 부부에게 감사드리는 것은, 주민이 주은이와 더불어 두 사람의 행복한 모습을 보면서 '행복'에 관한 원고를 잘 마무리할 수 있었다는 것입니다. 아낌없이 나누고 베푸는 삶이 마음을 치유하고 행복하게 사는 방법이라는 것을 다시금 확인할 수 있었고, 편안하게 지낼 수 있도록 잘 섬겨주어서 많이 행복했습니다.

마지막으로 국제 예수전도단(YWAM) 캔버라 베이스의 게이트웨이(Gateway) 사역자 분들께 감사드립니다. 하나님을 위해 헌신하는 모습은 물론 행복하게 다른 사람을 섬기시는 모습에 특별한 은혜가 있었습니다. 그 행복을 더 많은 사람들에게 나누어 주시길 기대합니다.

원 베네딕트

들어가는 말

행복을 찾아가는 방법

우리 주변에는 자신이 불행하다고 믿는 사람들이 많이 있습니다. 왜 그럴까요? 큰 평수를 자랑하는 고층 아파트에 살지 못해서일까요? 아니면 출세하지 못했기 때문일까요? 그렇다고 말하는 사람도 있을지 모르지만 사실은 그렇지 않습니다.

아무리 큰 집에 살고 돈이 많아도 마음이 병들어 있으면 사람은 행복하지 못합니다. 이것을 알지 못하고 더 많은 것을 소유하려고 하면 증세는 더 심각해집니다. 나누지 못하고 사는 사람에게 마음의 병이 생기기 쉽습니다.

최근 경기도에서 결식아동의 식사 문제 해결을 위한 법이 부결되었습니다. 이 법을 반대한 교육위원들은 모두 부유한 사람들이었습니다. 요즘에는 밥 굶는 아이들이 없기 때문에 그런 법은 필요하지 않다는 것이 그들의 이유였습니다.

이들은 마음이 병든 사람들입니다. 자신들은 배불리 먹고 편히

살면서 배고픈 아이들의 호소를 무시해버린 것입니다. 이런 사람들이 지도자로 있으면 국민은 고통에서 벗어나기 어렵습니다.

　사람들이 행복하지 못한 다른 이유는 이기심과 탐심 때문입니다. 먹을 것이 없는 이스라엘 사람들에게 하나님께서는 날마다 만나를 주셨습니다. 그러나 사람들은 그것을 거두어 집으로 가져갔고, 결국 모두 썩어서 먹지 못하게 되었습니다. 그날 먹은 것으로 만족하지 못하고 욕심을 부린 결과입니다.

　예전에 아는 분이 일하는 골프장을 방문한 적이 있었습니다. 아름답게 꾸며진 주변 경관과 푸른 잔디는 보는 사람의 기분까지 좋게 만들었습니다. 그러나 그곳은 산을 깎고 나무를 잘라 만든 곳입니다. 골프장을 유지하기 위해 뿌리는 농약이 자연에 심각한 피해를 주고 있다는 것도 잘 알 것입니다. 자연은 몇 사람을 위한 것이 아니라 모든 사람을 위한 것입니다. 그런데 소수의 사람을 위해 자연을 허물고 골프장을 만드는 것을 보며 안타까운 마음이 들었습니다.

모든 사람이 함께 나누고 즐겨야 할 자연을 소수의 사람들이 소유하고 있는 것 같아 마음이 아팠습니다. 다른 사람보다 더 많은 만나를 소유하기 위해 그것을 집으로 가져가는 이스라엘 백성의 모습과 다를 것이 없습니다.

우리는 더불어 행복하게 살아야 합니다. 사람과 사람뿐만 아니라 자연과도 공존해야 합니다. 나와 다른 사람이 함께 먹고살 수 있도록 배려하는 마음이 있어야 합니다.

지금 정부는 4대강 유역 개발이나 한반도 대운하 건설을 추진하고 있습니다. 이것은 누구를 위한 것인지 묻고 싶습니다. 강의 흐름을 막고 콘크리트로 제방을 쌓으면 강의 생태계는 망가지고 말 것입니다. 오랜 시간 동안 쌓인 모래를 파내고 기계의 힘으로 질서를 망가트리면 결국 그 피해는 인간의 몫이라는 것을 알아야 합니다.

인간의 무리한 개발로 인해 이미 세계 곳곳에서 자연 재해가 발생하고 있습니다. 자연은 더불어 살아가라고 하나님께서 주신 선물입니다. 인간은 행복을 위해 욕심을 내고 있지만, 결국 그 욕심 때문에 불행을 겪게 됩니다.

욕심을 버리고 나눔과 베풂의 삶을 살 때 마음의 병이 치유되고, 모두가 행복하게 살 수 있습니다. 혼자만의 행복이 아니라 모두가 행복할 수 있는 방법을 찾아가야 합니다.

행복하게 살게 해달라고 기도하기보다, 행복하게 살 수 있는 방법을 가르쳐주시는 예수님의 말씀에 귀를 기울여야 합니다. 귀를 열고 듣기 시작할 때 하늘의 행복이 우리 마음에 가득하게 될 것입니다.

차례

감사의 말 ∘∘∘ 4
들어가는 말 ∘∘∘ 6

팔복을 읽기 전에 ∘∘∘ 13
하늘나라의 복은 세상과 같지 않습니다

팔복, 그 첫 번째 ∘∘∘ 23
마음이 가난한 사람은 행복합니다

팔복, 그 두 번째 ∘∘∘ 35
슬퍼하는 사람은 행복합니다

팔복, 그 세 번째 ∘∘∘ 55
온유한 사람은 행복합니다

팔복, 그 네 번째 ∘∘∘ 73
의에 주리고 목마른 사람은 행복합니다

팔복, 그 다섯 번째 ○○○ 87
긍휼히 여기는 사람은 행복합니다

팔복, 그 여섯 번째 ○○○ 103
마음이 깨끗한 사람은 행복합니다

팔복, 그 일곱 번째 ○○○ 123
화평하게 하는 사람은 행복합니다

팔복, 그 여덟 번째 ○○○ 137
의를 위하여 박해받는 사람은 행복합니다

마치는 말 ○○○ 146

예수께서 무리를 보시고 산에 올라가 앉으시니
저자들이 나아온지라
입을 열어 가르쳐 이르시되

마태복음 5장 1~2절

_{팔복을 읽기 전에}

하늘나라의 복은 세상과 같지 않습니다

예수님은 온 갈릴리를 다니시면서 사람들을 가르치셨습니다. 그들을 가르쳤을 뿐만 아니라 천국 복음을 전파하셨고, 병든 사람들의 약함도 치유해주셨습니다. 예수께서 사람들의 병을 고쳐주시자 그분에 대한 소문이 퍼지기 시작했습니다. 마을 곳곳까지 소문이 퍼지면서, 사람들은 병들어 고통당하는 사람들과 귀신들린 사람들을 데리고 예수님에게 나아왔습니다. 물론 예수님께서는 자신을 찾아온 모든 사람을 고쳐주셨습니다. 그러자 점점 더 많은 사람이 예수님께로 모여들기 시작했습니다. 갈릴리뿐만 아니라 데가볼리, 예루살렘 등 전국 각지에서 사람들이 몰려왔습니다.

그러면 이 많은 사람이 예수님에게 모여든 궁극적 이유가 무엇일까요? 예수님의 가르침을 듣기 위해서였을까요? 사람들이 예수님을 따랐던 것은 예수님의 가르침 때문도, 예수님이 전한 복음 때문도 아니었습니다. 예수님은 놀라운 기적으로 병든 사람들을 고쳐주시고 귀신들을 쫓아주셨습니다. 간질병자와 중풍병자 모두 고침을 받았습니다. 이들은 모두 예수님에게 병 고침을 받기 위해 모여든 것이었습니다.

예수님의 뒤를 따랐던 사람들은 결국 문제 해결을 원했던 것입니다. 예수님이 병 고치시는 현장과 기적을 행하시는 장소에는 수많은 사람이 모였습니다. 그러나 십자가의 길을 가실 때는 누구도 예수님을 따르지 않았습니다. 오히려 그분을 십자가에 못 박으라고 외쳤습니다. 예수님이 십자가를 지시고 골고다 언덕으로 향할 때, '기적을 행할 수 없는' 예수님을 따르는 사람은 없었습니다. 오늘날 우리도 기적과 병 고침, 그리고 문제 해결만을 원하고 십자가의 죽음은 피하려고 하지 않습니까?

세상에서 잘되고 복받는 데만 관심이 있습니까?

우리는 이 사실에 주목해야 합니다. 이것이 오늘날 한국교회의 현실이기 때문입니다. 현재 교회에 출석하는 많은 사람의 목적이 무엇이겠습니까? 적지 않은 사람의 관심이 바로 자신의 문제 해결에 있습니다. 그들은 예배당에 나와서 기도하고 예배하지만, 자신의 만족과 기쁨을 충족시키는 데 더 관심이 있습니다. 우리 또한 만사형통(萬事亨通)을 기대하며 하나님 앞에 나아가고 있지는 않습니까?

설교자가, 예수 믿으면 자식도 잘되고 부자 된다는 메시지를 전하면 사람들은 아주 큰 목소리로 "아멘" 하며 반응합니다. 하지만 예수 믿어도 가난할 수 있고 고난을 겪을 수 있다는 메시지를 듣고 아멘 할 수 있는 사람이 과연 몇 명이나 있을까요? 물론 예수 믿으면 병 고칠 수 있습니다. 그러나 병이 낫지 않을 수도 있습니다.

대학 입시철이 되면 평소에 교회생활을 열심히 하지 않던 분들도 갑자기 열심을 내기 시작합니다. 안 나오던 새벽기도에 나와서 자녀의 이름을 벽에다 붙여놓고 열심히 기도합니다. 대학 잘 가게 해달라고, 꼭 명문대학 가게 해달라고, 대학만은 나와야 되지 않겠느냐고 기도합니다. 그렇게 열심히 기도하면 자녀가 좋은 성적으로 명문대학에 갈 수도 있지만, 대학에 떨어질 수도 있습니다. '열심히 기도하면 자식이 대학에 붙는다'고 설교하면 수험생 자녀를 가진 분들은 모두 "아멘" 할 것입니다. 하지만 열심히 기도해도 자녀가 대학에 떨어질 수 있다고 하면 몇 사람이나 "아멘" 할 수 있을까요? 예수 믿으면 부자 된다, 예수 믿으면 자식이 잘된다. 이것은 절대 기독교 복음의 핵심이 아닙니다.

많은 사람이 예수님께 모여들었습니다. 그들은 기적을 보기 원했고, 자신이 가진 문제들이 해결되기 원했습니다. 특히 병든 사람들은 간절히 치유되기를 원했습니다. 그들을 고쳐주신 예수님께서는 산으로 올라가 자리에 앉으셨습니다. 당시에는 랍비들이 앉아서 가르치는 풍습이 있었습니다. 예수님이 산에 올라가 앉으신 것은 이제 가르침을 전하시겠다는 의사 표시이고 설교의 시작을 알리는 의미이기도 합니다.

자리에 앉으신 예수님이 설교를 시작하려고 할 때 제자들이 예수님께로 왔다고 성경은 기록하고 있습니다. 여기서 말하는 제자는 열두 제자가 아닙니다. 왜냐하면 예수님께서 아직 열두 명의 제자들을 다 부르시기 전이었고, 또한 설교가 끝난 뒤 "예수께서 이 말씀을 마치시매 무리들이 그 가르치심에 놀래니"(마 7:28)라고 기록하고 있기 때문입니다. 그러므로 여기서 말하는 제자는 예수님을 따르는 소수의 무리를 지칭하는 말이라는 것을 알 수 있습니다.

여기에서 주목할 것이 있습니다. 예수님의 기적을 체험하고 문제가 해결된 사람 모두가 산으로 따라온 것은 아니었다는 것입니다. 예수님을 따라 산까지 올라와 말씀을 들은 사람은 그중 소수의 사람이었습니다. 많은 사람이 주님께 은혜를 받았지만 그들 중 대부분은 끝까지 예수님을 따르지 않았습니다. 우리는 기적을 체험하고 땅에 머무는 사람이 아니라 산까지 따라갈 수 있는 믿음의 사람이 되어야 합니다.

병을 고치는 것도 행복한 일이지만 예수님의 말씀을 듣는 것은 더 행복한 일입니다. 더 중요한 일이 무엇인지 깨달아야 합니다. 예수님이 찾아오셨는데도 분주하게 일하는 바쁜 마르다가 되기보다는 그분 앞에 앉아 말씀을 듣는 행복한 마리아가 되어야 합니다. 그래야 진정한 행복을 누릴 수 있습니다.

기독교 신앙의 핵심은
병 고침도 문제 해결도 아닙니다.

귀신들도 병을 고치고 이적을 행할 수 있습니다. 무당도 푸닥거리해서 병 고칠 수 있다는 것을 아셔야 합니다. 그러나 무당들은 절대로 어떻게 살라고는 가르치지 않습니다. 무속 신앙의 메시지는 기복(祈福)입니다. 복받는 방법만을 가르칩니다. 다른 사람이야 어떻게 되든 상관없이 나만 잘 먹고 잘살면 됩니다. 다시 말하면 무속 신앙에는 진리도 없고 윤리도 없습니다.

예수님은 병 고치는 기적을 행하는 데서 끝내지 않으시고 산 위에 오르셨습니다. 그리고 우리가 오늘 어떻게 살아야 할지를 가르쳐주셨습니다. 이 땅에 살고 있으면서 동시에 하늘나라 시민으로 사는 것이 어떠한 삶인지, 세상 사람들이 추구하고 갈망하는 '땅의 행복'과는 전혀 다른 '하늘나라의 행복'을 사람들에게 가르치셨습니다.

사실 더 많은 기적을 보여주시고 더 많은 환자를 치유함으로 얼마든지 사람들을 불러 모을 수 있었습니다. 그러나 예수님은 이것만이 하나님을 믿는 신앙의 전부가 아니라는 것을 알려주기 원하셨습니다. 치유와 기적을 경험하게 되면 행복할까요? 물론 잠시 그럴 수 있습니다. 하지만 이것이 전부가 아님을 알아야 합니다.

누군가가 말하기를 인간의 삶은 매일매일 기쁨과 슬픔, 그리고 행복과 불행이라는 손님이 찾아오는 여관과 같다고 했습니다. 인생을 살다 보면 종종 어렵고 힘든 일이 생겨 당황하게 됩니다. 어떤 일은 자신의 능력과 힘으로 해결할 수 없기에 고통을 겪기도 합니다. 이런 손님은 반갑지 않지만 그렇다고 내 인생에 찾아오는 손님을 거절할 수는 없는 법입니다.

이러한 우리의 삶에 하나님께서 주신 가장 귀한 선물은 바로 기도입니다. 기도는 큰 목소리로 하는 것보다 간절한 마음으로 하는 것이 더 중요합니다. 나의 생각을 닫고 침묵하며 하나님의 음성을 들을 수 있도록 귀를 열어놓아야 합니다.

우리가 산으로 올라가는 이유는 하나님의 음성을 듣기 위해서입니다. 자신의 생각대로 문제를 해결해달라고 요구하는 것이 아니라, 전능하신 하나님의 지혜를 묻는 것입니다. 그러기 위해서는 잠잠히 들을 줄 알아야 합니다.

예수님은 세상이 따르는 땅의 기준이 아닌 하늘의 기준을 가지고 말씀하십니다. 사람은 그 말씀대로 살아야 행복할 수 있습니다. 그분의 말씀을 듣고 생각을 바꾸십시오. 사람들이 행복하지 못한 이유는 여전히 땅의 소리를 듣고 있기 때문입니다. 자신이 가진 문제를 해결하고 더 많은 것을 소유하기 위해 안달하고 있습니다. 하늘이 아닌 땅의 기준대로 살아가는 사람은 불행할 뿐만 아니라 타락하게 됩니다.

진짜 행복하길 원하십니까? 그렇다면 이제 산으로 올라가 앉아서 침묵하며 그분의 가르침을 들어야 합니다. 인생의 여러 문제가 해결되는 것도 중요하지만, 말씀을 통해 생각과 가치관을 바꾸는 것이 더 중요합니다. 질병과 가난에서 탈출하는 데에서 끝나지 말고 하나님의 말씀을 듣고 배움으로 마음의 건강과 부유함을 누리시기 바랍니다. 하나님의 말씀으로 생각이 바뀌면 행복한 제자의 삶을 살 수 있습니다.

문제가 해결되어 돌아간 사람들은 예수님을 봤다고, 또는 예수님을 안다고 말할 수 있습니다. 하지만, 그들은 예수님의 제자는 아닙니다. 제자는 스승으로부터 보고 듣고 배운 사람입니다. 예수님의 제자는 말씀을 듣고 배워서 예수님의 뜻대로 살려고 애쓰는 사람입니다.

진정으로 행복하게 사는 방법을 가르쳐주신 예수님의 말씀이 마태복음 5장에서 7장까지 이르는 산상(山上)설교입니다. 이 땅 위에서 행복하게 사는 방법이 무엇인지 하늘의 기준으로 우리에게 알려주고 있습니다.

사람들의 생각과 가치관을 바꾸기 위해 산 위에서 행하신 산상설교의 첫 번째 내용이 바로 여덟 가지 행복, 즉 팔복(八福)에 관한 것입니다. 팔복은 산상설교의 핵심이자 하늘나라의 기준을 이해하는 중요한 열쇠가 되는 말씀입니다.

내게 필요한 것만을 외치던 목소리를 잠잠하게 하고 그분의 말씀을 들어야 합니다. 귀를 열고 산으로 올라갑시다. 이제부터 행복한 산행(山行)을 시작해봅시다.

심령이 가난한 자는 복이 있나니
천국이 그들의 것임이요

마태복음 5장 3절

팔복, 그 첫 번째

마음이 가난한 사람은 행복합니다

행복의 기준은 소유가 아닙니다. 100평은 족히 되는 아파트에 사시는 분을 만난 적이 있습니다. 그 댁을 방문했는데, 그분은 문을 열어주면서 누추한 자신의 집을 방문해주어 고맙다고 말했습니다. 그렇게 큰 평수의 아파트에 살면서 누추하다고 표현하다니, 이해할 수 없었습니다. 그분은 꽤 부유하지만 사업이 힘들고 가족 간에도 문제가 있기 때문에 행복하지 않다고 했습니다. 주일마다 교회에 가서 자신의 문제를 해결해달라고 기도하지만, 일이 잘 풀리지 않아 답답하다는 것입니다.

그분은 분명 입으로는 열심히 기도하고 있었습니다. 그러나 문제는 예수님의 말씀을 듣는 귀가 없다는 것이었습니다.

예수님이 가르치신 행복은 소유의 개념이 아닙니다. 궁전에 살든 초막에 살든 예수님을 모신 곳이 천국이라는 찬양의 고백처럼 어떤 생각을 가지고 사느냐가 나의 행복을 결정합니다. 돈을 많이 가짐으로 인해 잘 살 수도 있지만 똑같은 돈을 가지고 못살 수도 있습니다. 덧붙여 이야기하면, 내가 부자가 아니어도 어떻게 생각하느냐에 따라 삶이 달라질 수 있습니다. 사람은 소유와 상관없이 행복할 수 있습니다.

사람들은 행복해지기 위해 많은 것을 소유하려고 합니다. 그러나 이러한 욕심 때문에 더 불행해지는 것은 알지 못합니다. 행복한 사람은 100평의 아파트를 소유한 사람이 아니라, 자신의 마음에 천국을 소유한 사람입니다. 마음이 가난한 사람이 천국을 소유할 수 있습니다.

마음이 가난한 사람은 의지할 곳이 없습니다.

일반적으로 가난은 돈, 재산, 재물을 충분히 소유하지 못한 상태를 말합니다. 가난을 뜻하는 히브리어 '아나임(anaim)'은 부자나 권력가의 사회적 억압과 경제적 수탈에서 자신을 구원할 능력이 없는 사람을 뜻하기도 합니다. 다시 말해 가난은 있어야 할 것이 없는, 돈과 재물이 없을 뿐만 아니라 생활에 필요한 최소한의 것까지 가지지 못한 상황입니다. 그래서 가난한 사람은 다른 사람의 도움이 필요합니다.

꼭 필요한 것을 소유하지 못하고 가난한 상황에 놓여 있습니까? 마음의 가난함을 다른 것으로 채우려 하지 말고 하나님으로 채우시기 바랍니다. 그분으로 인해 만족할 때 천국을 소유하는 행복을 누릴 수 있습니다.

화려하고 아름다운 집에 살고 있으면서도 불행하다고 느끼는 사람이 많이 있습니다. 그들은 자신이 소유한 것에 대한 만족과 기쁨 없이 더 많은 것을 가져야 행복할 수 있다고 믿습니다. 그래서 더 소유하려고 싸우며, 다른 사람에게 상처를 줍니다. 그들은 마음이 병든 사람들입니다.

미국의 철학자 마르쿠제는 이 시대를 "부유함이 넘치는 감옥"이라 정의했습니다. 감옥 안에는 온갖 최신식 전자 제품과 가구, 그리고 먹을 것이 많이 있습니다. 그러나 그 안에 살고 있는 사람들은 쇠창살의 감옥에 갇혀 있다는 사실조차 모르고 살아가고 있습니다. 부유하지만 불행한 사람들입니다.

내가 아는 어떤 할머니는 돌아가실 때, 안방 금고를 향해 손을 들고 "내 돈!" 한마디를 외치고 숨을 거두셨습니다. 눈도 제대로 감지 못하셨다고 합니다. 평생 부동산을 늘리는 데 욕심을 내며 많은 돈을 모았지만, 정작 힘들게 모은 돈을 제대로 써보지도 못했습니다. 그래서 더욱 돈에 대한 미련이 남았나 봅니다.

지금 내가 가진 것은 내 것이 아닙니다. 죽음의 순간에 다른 세상으로 가져갈 수도 없습니다. 이러한 우리의 인생에 예수님은 새로운 방법을 알려주셨습니다. 바로 도움이 필요한 손길들에게 가진 것을 나누어주는 것입니다. 예수님은 이것이 하늘나라로 소유를 옮기는 것이라고 가르치셨습니다.

> 너희를 위하여 보물을 땅에 쌓아두지 말라 거기는 좀과 동록이 해하며 도둑이 구멍을 뚫고 도둑질하느니라 오직 너희를 위하여 보물을 하늘에 쌓아두라 거기는 좀이나 동록이 해하지 못하며 도둑이 구멍을 뚫지도 못하고 도둑질도 못하느니라 네 보물 있는 그곳에는 네 마음도 있느니라(마 6:19~21).

내가 소유하고 있는 것을 비워서 하늘로 옮겨야 합니다. 우리의 보물이 있는 곳에 우리의 마음도 있습니다. 이 땅에 있으면서도 천국을 소유하며 사는 사람이 행복한 사람입니다.

마음이 가난한 사람은 도움이 필요합니다.

가난한 사람은 가진 것도 없고 자랑할 것도 없습니다. 사람들에게 내세울 것도, 보여줄 것도 없습니다. 게다가 믿고 따를 만한 사람도 없는 경우가 많습니다. 그래서 이들은 누군가의 도움이 절실히 필요합니다.

어떤 사람은 자신이 믿고 따르던 사람에게 배신당하고 버림받습니다. 그리고는 마음의 상처를 가진 채 살아갑니다. 누군가에게 도움을 받고 싶지만 더 이상 떠오르는 사람이 없고, 도움을 청했다가 거절당할 것이 두렵기도 합니다. 그러나 이러한 상황에서 하나님을 의지하고 붙잡는다면, 천국을 소유하는 행복을 누릴 수 있습니다.

어린 시절, 너무 가난했던 나는 부모에게 기댈 수 없는 형편이었습니다. 그렇다고 주변에 도움을 주는 사람도 없었습니다. 반면 어떤 친구들은 집이 부유하고 부모가 능력 있어서 원하는 모든 것을 가질 수 있었습니다. 그 친구들은 부모님을 붙잡고 살았습니다. 그러나 의지할 곳 없고 도움을 청할 사람이 없었던 나는 하나님을 붙잡고 의지했습니다. 결과적으로 참 행복해졌습니다. 다른 사람을 붙잡았던 사람들은 그로 인해 실망하고 상처받기도 했지만 나는 실망하지 않았습니다. 오히려 부족함 없이 날마다 은혜와 감사를 경험하며 살고 있습니다.

이 땅의 많은 사람이 돈과 명예를 붙들고 살아갑니다. 학벌을 붙들고 나보다 뛰어난 사람을 의지합니다. 더 많은 것을 소유하기 위해 끊임없이 다른 사람과 경쟁하며 나의 것을 만들어갑니다. 그들은 세상의 관점에서 볼 때 참 부유한 사람입니다. 그러나 실상은 자신보다 더 많이 가진 사람들을 부러워하며 만족하지 못하는 경우가 많습니다. 스스로를 불행한 사람이라고 생각하는 것입니다.

오늘 우리는 많은 것을 소유하려고 하기 때문에 불행합니다. 가지고 싶어 하던 물건을 손에 넣고 나면 처음에는 기뻐합니다. 너무 행복해하며 그것을 귀중하게 다루지만, 얼마의 시간이 지나면 더 좋은 것을 소유한 사람을 보며 비교하게 됩니다. 그래서 부유함을 따라가는 사람은 더 가난하고 불행해집니다.

마음이 가난한 사람은 세상의 부와 성공 대신 하나님을 붙들고 사는 사람입니다. 그러한 사람은 자신보다 능력 있고 부유한 사람 앞에서 부끄러움을 느끼지 않습니다. 오히려 나보다 어렵고 힘든 형편에도 불구하고 당당하게 살아가는 사람들 앞에서 부끄러움을 느낍니다. 이러한 사람이 천국을 마음에 소유한 행복한 사람입니다.

사람들은 자신의 돈과 명예를 자랑합니다. 그것이 자신에게 만족함과 위로가 되기 때문입니다. 마음이 가난한 사람은 자신이 자랑할 것이 없다는 것을 너무나 잘 알고 있습니다. 가진 것이 없기에 만족과 위로가 되는 것이 없다는 것도 알고 있습니다. 그래서 하나님을 의지하고 붙잡고 삽니다.

그는 하늘나라를 소유한 진정한 부자입니다. 세상의 많은 사람이 자신의 돈과 명예를 자랑할 때, 천국을 소유한 사람은 그 자체로 만족함과 위로를 얻습니다. 자랑할 것이 없는 사람이 무엇을 자랑하겠습니까? 무엇을 의지하고 살겠습니까? 자신의 연약함과 부족함을 아는 사람이 마음이 가난한 사람입니다. 하나님은 그런 사람에게 만족함과 위로를 주십니다.

마음이 가난한 사람은
자신의 초라함을 압니다.

가난하게 살면 주변의 부유하게 사는 사람들로 인해 자신이 더 초라해지는 것을 느낍니다. 그래서 열등감과 패배감을 가지고 인생을 살아가는 경우가 많이 있습니다.

나의 집보다 큰 집을 가진 사람을 보면 나의 집이 초라해 보이고, 그런 집에 사는 스스로가 부끄럽게 생각됩니다. 돈을 많이 벌어서 자신도 큰 집을 갖겠다고 생각하는 사람이 있지만, 자신에게 그러한 능력이 없다는 것을 알기에 좌절하며 사는 경우가 대부분입니다. 마치 거대한 골리앗을 보며 좌절한 이스라엘 사람과 같습니다. 그들은 골리앗을 보며 자신의 초라함을 느꼈고, 자신들은 절대로 그를 이길 수 없다는 좌절감에 사로잡혔습니다. 그러나 자신의 무능력을 인정하고 전능하신 하나님을 믿으면 행복해집니다.

다윗은 자신의 연약함과 초라함을 잘 알고 있었습니다. 마음이 가난한 사람이었습니다. 하지만 자신이 무능하고 연약한 것을 아는 만큼 하나님이 전능하시고 위대하시다는 것도 알았습니다. 다윗은 하나님을 의지하여 골리앗과 싸웠고 결국 승리했습니다. 그는 천국을 소유한 행복한 사람입니다.

아직도 자신의 가난함을 깨닫지 못하고 스스로 부유하다고 여기는 사람들이 주변에 많이 있습니다. 그들은 스스로 부족함이 없고 모든 것이 풍족하다고 믿습니다. 그래서 자신에게는 하나님이 필요 없다고 말하는 것입니다. 실상은 가난하고 부족한 상태이면서도 깨닫지 못하고 있거나, 자신의 가난함을 알면서도 인정하지 않는 사람들입니다.

> 네가 말하기를 나는 부자라 부요하여 부족한 것이 없다 하나 네 곤고한 것과 가련한 것과 가난한 것과 눈먼 것과 벌거벗은 것을 알지 못하는도다 내가 너를 권하노니 내게서 불로 연단한 금을 사서 부요하게 하고 흰 옷을 사서 입어 벌거벗은 수치를 보이지 않게 하고 안약을 사서 눈에 발라 보게 하라(계 3:17~18).

자신의 모습이 초라하고 능력도 없고 가난합니까? 그러나 그렇다고 해서 불행한 사람이 아닙니다. 자신의 가난함과 연약함을 깨달았다면 하나님을 의지하기로 결정하고, 그분을 의지하십시오. 천국을 소유한 사람이 진정 행복한 사람입니다.

말씀으로 배부른 사람이 진짜 행복합니다.

가난한 사람은 먹고 싶은 것을 마음껏 먹지 못합니다. 늘 배고픔에 시달립니다. 그러나 밥을 먹지 못하는 배고픔보다 더 고통스러운 것은 하나님의 말씀을 듣지 못하는 배고픔입니다. 이것을 깨닫고 하나님의 말씀으로 배를 채워야 합니다. 그래야 행복을 누릴 수 있습니다.

> 주 여호와의 말씀이니라 보라 날이 이를지라 내가 기근을 땅에 보내리니 양식이 없어 주림이 아니며 물이 없어 갈함이 아니요 여호와의 말씀을 듣지 못한 기갈이라 (암 8:11).

사람은 빵으로만 사는 것이 아니라고 했습니다. 하나님의 입에서 나오는 말씀으로 살아야 합니다. 거기에 진정한 배부름이 있습니다.

손에 빵을 든 사람이 행복한 것이 아닙니다. 하나님을 향한 배고픔을 가지고 말씀을 들음으로 자신의 배를 채우려는 사람이 행복합니다. 그런 사람은 하늘나라를 소유한 행복한 사람입니다. 오늘은 오늘의 은혜로 배부르고, 내일은 내일의 또 다른 은혜를 사모하는 사람이 되십시오. 진짜 행복한 삶을 위해서는 하나님을 사모하고 마음이 가난해야 합니다. 하나님의 말씀으로 마음을 부요하게 하는 삶이 되시기 바랍니다.

내 삶에 적용해보기

1. 하나님의 기준으로 볼 때, 당신은 부유한 사람인가요?
2. 이 땅에서 더 행복해지려면 무엇이 더 필요할까요?
3. 삶의 어려움을 만났을 때 누구에게 도움을 청할 수 있나요?
4. 당신이 부러워하는 사람이 있다면, 그는 어떤 사람인가요?
5. 어떤 삶이 진짜 행복한 삶이라고 생각하나요?

애통하는 자는 복이 있나니
그들이 위로를 받을 것임이요

마태복음 5장 4절

팔복, 그 두 번째
슬퍼하는 사람은 행복합니다

사람은 누구나 걱정과 근심 없이 행복하게 살기를 원합니다. 그런데 과연 어떻게 사는 것이 행복하게 사는 것일까요? 돈을 많이 가진 부자로 사는 것이 행복하게 사는 길이라고 믿는 사람들이 있습니다. 돈을 많이 가지고 있으면 걱정과 근심 없이 살 수 있다고 생각합니다. 그럼 과연 얼마의 돈이 있어야 사람은 행복할 수 있을까요?

내가 알던 부자 한 분은 많은 돈이 있음에도 불구하고 아까워서 쓰지 못했습니다. 남에게 베풀지 못하고 나누지도 못하는 인색한 분이었습니다. 한마디로 인색한 부자였습니다. 돈을 많이 가진 부자이기 때문에 걱정이 없어야 하는데, 이분은 오히려 돈 때문에 걱정이 많았습니다. 누구에게 사기를 당해 재산을 날려버리지 않을까? 사둔 땅값이 떨어지지는 않을까? 주식을 샀는데 주가가 폭락하지는 않을까? 늘 돈 때문에 걱정하고 또 걱정하며 살다가 세상을 떠났습니다.

애써 돈을 모았지만 제대로 써보지도 못했습니다. 아끼고 아껴서 모은 돈인데 그 돈을 두고 세상을 떠나는 것이 얼마나 억울했겠습니까? 그래서 눈도 제대로 감지 못했습니다. 돈의 노예로 살다가 세상을 떠난 것입니다. 돈 때문에 사람을 죽이고 남을 속이고 훔치는 사람들은 돈의 종살이하는 사람들입니다.

많은 돈이 우리에게 행복을 주는 것이 아닙니다. 돈이 있어도 갖지 못하는 것들이 세상에 너무도 많이 있습니다. 돈으로 사랑을 살 수 없습니다. 돈으로 천국에 갈 수 없습니다. 사람은 태어날 때 손을 쥐고 태어나지만 죽을 때는 손을 펴고 죽습니다. 살아 있는 동안에는 많은 것을 손에 넣을 수 있지만 세상을 떠날 때는 모든 것을 두고 가야 한다는 사실을 기억해야 합니다.

불행은 물질적 어려움으로 인해 생기는 것이 아닙니다. 행복을 받아들일 수 있는 따스한 마음을 잃어버리면 불행해집니다.

전도서 5장 10절에는 "은을 사랑하는 자는 은으로 만족하지 못하고 풍요를 사랑하는 자는 소득으로 만족하지 아니하나니 이것도 헛되도다"라고 기록되어 있습니다. 디모데전서 6장 10절은 "돈을 사랑함이 일만 악의 뿌리가 되나니 이것을 탐내는 자들은 미혹을 받아 믿음에서 떠나 많은 근심으로써 자기를 찔렀도다"라고 가르치고 있습니다. 돈을 사랑함이 모든 악의 뿌리가 됩니다. 돈을 사랑하는 마음 때문에 사람들은 근심하고 걱정하며 삽니다. 그래서 불행한 삶을 살아가고 있습니다. 결코, 돈이 많고 적음이 우리의 행복을 결정하지 않습니다.

노자의 《도덕경》에서도 "죄악 중에 탐욕보다 더 큰 죄악은 없고 재앙 중에 만족할 줄 모르는 것보다 더 큰 재앙이 없으며, 허물 중에 욕망을 다 채우려는 것보다 더 큰 허물은 없다"고 가르치고 있습니다.

오늘 우리는 비싼 가구와 최신식의 전자 제품에 행복이 있다고 착각하고 있지는 않습니까? 이러한 소유를 갖는 데 몰두하느라 불행해지고 있는지 돌아봐야 합니다.

다른 사람에게서
행복을 얻을 수 없습니다.

여자들은 남자를 잘 만나야 행복하게 살 수 있다고 믿습니다. 남자들은 보통 여자에게 평생 행복하게 해주겠다고 약속합니다. 하지만 행복을 약속했던 두 사람의 사랑이 어느 순간부터 미움이 되고 다툼으로 번지는 경우가 많이 있습니다. 영원한 행복을 약속한 부부가 오래지 않아 헤어지는 것도 종종 볼 수 있습니다. 행복을 줄 수 있다고 믿었던 사람에게 상처를 받고 다시 행복을 찾아 다른 사람을 만나보지만, 또다시 아픔과 상처를 경험하기도 합니다.

이런 질문을 던지고 싶습니다. 어떤 사람을 만나야 행복하게 살 수 있을까요? 우리가 원하는 행복을 사람에게서 얻을 수 있을까요? 내가 아는 어떤 후배는 자기를 열심히 쫓아다니던, 연하의 남자와 이른 나이에 결혼을 했습니다. 딸이 결혼하겠다고 했을 때 부모는 반대했습니다. 그러나 반대에도 불구하고 두 사람은 고집을 부려 결혼했습니다.

그 후배는 자신을 맹목적으로 사랑하는 그 남자가 자신을 행복하게 해줄 거라고 믿었습니다. 처음에는 아주 지극 정성으로 잘해줬습니다. 그러나 몇 달이 지나자 남자는 언제 그랬냐는 듯이 변하기 시작했습니다. 말이 거칠어지고, 부부싸움을 하다가 폭력을 휘두르기까지 했습니다. 이것은 절대로 그녀가 바라던 행복이 아니었습니다. 불행한 자신의 모습에 슬퍼하던 그 후배는 결혼한 지 1년이 지난 시점에 이혼을 결심했습니다.

그리고 이혼한 지 1년 정도 지나 다른 남자를 만나게 되었고, 행복을 꿈꾸며 두 번째 결혼을 했습니다. 자신의 불행했던 결혼 생활을 잘 이해해주고 아픈 마음을 감싸주는 신앙심 좋은 남자였기에 다시 결혼을 결심하게 된 것입니다. 그녀는 마음이 넓고 이해심이 많은 남편을 만났다고 친구들에게 자랑했습니다. 자식도 낳았고 겉으로 보기에 행복한 가정을 이루었습니다.

어느 날 여자 후배에게 이제 행복하냐고 물었더니, "사는 게 다 그렇죠" 하며 쓴웃음을 지었습니다. 사는 게 다 그렇다는 의미가 무엇일까요? 어느 누구도 내가 원하는 행복을 줄 수 없다는 뜻입니다. 우리는 누군가에게 쉽게 "당신을 행복하게 해주겠다"고 말합니다. 그러나 자신도 온전히 행복하지 않은데, 어떻게 다른 사람을 행복하게 해줄 수 있을까요?

명예와 인기가 있다고
행복하지 않습니다.

TV 드라마와 영화, 그리고 CF에 출연하며 대중적 인기를 얻었던 미모의 여배우가 우울증에 시달리다 스스로 목숨을 끊은 사건이 있었습니다. 보통 사람은 가질 수 없는 명예와 인기가 있었음에도, 그녀는 스스로 불행하다고 느꼈고 결국 죽음을 택했습니다. 남들이 부러워하는 명예와 성공, 그리고 최고의 인기가 사람을 행복하게 만드는 것은 아닙니다.

세상의 부귀영화를 다 누린 사람으로 솔로몬 왕을 꼽을 수 있습니다. 그는 세상에 남부러울 것이 없었습니다. 금은보화가 가득한 궁궐에서 1,000명의 아내와 살던 사람임을 여러분도 알 것입니다. 그러나 이렇게 부족할 것 없는 인생을 살았던 솔로몬이 "헛되고 헛되며 헛되고 헛되니 모든 것이 헛되도다"(전 1:2)라고 말합니다. 세상의 모든 것을 가진 사람이라 해도 과언이 아닌 솔로몬 왕은 자신이 가졌던 부와 명예, 그리고 자신과 함께한 수많은 아내에게서 진정한 행복을 찾을 수 없었습니다.

그러나 그는 모든 것이 헛되다고 절망하지 않습니다. 전도서를 읽다 보면 진정한 행복이 어디에 있는지에 대해 언급합니다. "너는 청년의 때에 너의 창조주를 기억하라 곧 곤고한 날이 이르기 전에, 나는 아무 낙이 없다고 할 해들이 가깝기 전에"(전 12:1)라며 인생의 후배인 젊은이들에게 권면하고 있습니다. 자신을 창조한 창조자를 아는 것이 진정한 행복입니다. 그것은 결코 헛되지 않은 일입니다.

진정한 행복의 비결은 하나님을 만나는 것입니다.

주일학교를 열심히 다니던 딸에게 행복이 뭐라고 생각하는지 물은 적이 있습니다. 딸은 주일학교에서 배운 것이라며 "행복은 하나님께서 함께 계시는 것"이라고 씩씩하게 대답합니다. 어린아이의 답이지만 여기에 인생의 진정한 행복을 찾는 방법이 담겨 있습니다.

우리의 행복은 하나님을 아는 것에 있습니다. 그러나 많은 사람이 헛된 것을 좇으면서 행복을 찾으려 하고, 또 허탈해합니다. 가지면 가질수록 허무하게 느껴지는 것이 돈과 명예와 인기입니다. 그것이 우리의 인생살이입니다.

그러나 오해하지 않기를 바랍니다. 하나님을 믿는다고 우리가 원하는 행복의 조건을 다 가질 수 있다는 의미는 아닙니다. 하나님을 믿으면 부자 되고, 사업이 잘되고, 명예와 인기를 누리게 된다는 것이 절대로 아닙니다. 하나님께서는 그러한 것이 없어도 행복하게 사는 길을 우리에게 알려주십니다. 소유를 행복의 조건으로 생각하는 우리의 생각을 바꾸어주십니다. 생각을 고쳐먹으면 똑같은 상황에서도 얼마든지 행복을 느낄 수 있습니다. 어떻게 생각하느냐에 따라 나의 행복이 결정됩니다.

그렇다면 성경이 말하는 진짜 행복한 사람은 어떤 사람일까요? 바로 마음이 가난함으로 인해 마음에 천국을 소유한 사람입니다. 예수님은 이런 사람이 행복하다고 가르쳐주셨습니다.

가난한 사람은 자랑할 것이 하나도 없습니다. 초라한 자기의 모습을 보면서 부끄럽게 여기고 자신을 연약한 존재로 인식합니다. 그렇기 때문에 전능하신 하나님을 붙들고, 그분을 의지하게 됩니다. 이런 사람이 하늘나라를 소유한 사람이고, 그가 진정 행복한 사람입니다. 마태복음 5장 4절에서는 "애통하는 자"가 복이 있다고 말합니다. 즉, 슬퍼하는 사람이 행복하다는 말씀입니다. 예수님께서 이렇게 말씀하신 이유는 다음에서 살펴보겠습니다.

슬퍼하는 사람은 하나님의 위로를 받습니다.

슬픔과 고통을 겪는 사람이 어떻게 행복할 수 있을까요? 일반적으로 슬픔은 결코 행복한 감정이 아닙니다. 고통과 아픔의 눈물을 흘리는 것은 행복이 아니라 불행에 가깝습니다. 그럼에도 불구하고 슬퍼하는 사람이 행복한 이유는 무엇일까요?

그것은 그들이 하나님의 위로를 받을 수 있기 때문입니다. 많은 사람이 눈물 없이 사는 세상을 꿈꿉니다. 그러나 그런 세상은 어디에도 없습니다. 그리고 눈물 없이 사는 것이 진정한 행복이 아닙니다. 눈물 흘리며 슬퍼할 때 그 눈물을 닦아주며 위로해주는 사람이 옆에 있는 것이 행복입니다.

진정한 위로는, 슬퍼하는 사람을 안아주고 듣기 좋은 격려의 말을 해주는 데서 끝나지 않습니다. 낙담하거나 슬퍼하는 사람에게 용기를 주고 힘을 줍니다. 그래서 회복하여 다시 일어날 수 있도록, 힘내서 살아갈 수 있도록 소망을 줍니다.

요한복음 4장에 보면 우물가의 여인 이야기가 나옵니다. 예수님이 우물가에서 만난 여인은 남편이 다섯 명이나 있었던 사마리아 여자였습니다. 흔히 그녀를 생각할 때 우리는, 남편이 다섯 명이나 있었던 음란하고 방탕한 여자라고 판단합니다. 그러나 이것은 잘못된 시각입니다.

　예수님 당시에는 어떤 여자도 자기 마음대로 남편과 이혼하고 자기가 원하는 남자와 결혼할 수 없었습니다. 여자는 사회적으로 별 권한이 없는 존재였습니다. 남자가 버리면 버림을 받아야 했습니다.

　이혼도 자기 마음대로 할 수 없었습니다. 남편이 버리면 그것이 이혼입니다. 그리고 남자의 도움이 없이는 경제적으로 독립할 수가 없었습니다. 한마디로 여자는 힘없는 존재였던 것입니다.

　결론적으로 예수님이 우물가에서 만나셨던 여인은, 남편을 자기 마음대로 다섯 번이나 바꾼 문제 있는 여자가 아니라 다섯 번이나 남자들에게 버림받은 슬픔 많은 여자였음을 알 수 있습니다. 이런저런 이유로 여러 남자에게 버림받은 한(恨) 많은 사람이었습니다.

　쉽게 말해 다섯 번 결혼했는데 다섯 번 모두 이혼당했다고 생각해보십시오. 그녀는 거절당하며 많은 상처를 받았을 것입니다. 어쩌면 자기를 학대하면서 아무런 소망 없이 살아가고 있었는지도 모릅니다.

슬퍼하던 여인이 예수님을 만났습니다.

당시 유대인은 사마리아 사람들과 상종하지 않았습니다. 하지만 예수님은 사마리아 여인에게 관심을 가지셨고, 먼저 말을 건넸습니다. 애통한 여인에게 참된 예배가 무엇인지, 영혼이 목마르지 않는 샘물이 무엇인지에 대해서 알려주셨습니다. 남자들은 다 여인을 버렸습니다. 그러나 예수님은 상처받은 그녀를 외면하시지 않았습니다. 대면하여 말씀하시고 사람 대접을 해주셨습니다.

사마리아 여인은 사마리아 사람들에게 예수님을 알리는 전도자로 변합니다. 더 이상 상처받고 버림받은 여인이 아니라 다른 사람들에게 그리스도를 전하는 행복한 사람이 된 것입니다. 우물가의 여인은 예수님의 위로를 받았기에 행복한 여자입니다. 그분의 위로를 통해서 자신이 버림받은 사람이 아니라는 것을 알게 되었습니다.

오늘날에도 사마리아 여인과 같이 여러 사람에게 이용당하고 거절당하여 상처입은 사람들이 있습니다. 사랑하던 사람에게 버림받은 상처로 인해 힘든 시간을 견디고 있는 사람들도 있습니다. 그러한 일로 자신에게 실망하고 스스로를 가치 없는 사람으로 여기며 슬픔 가운데 사는 것입니다. 어느 누구도 자신을 이해해주는 사람이 없고, 격려와 위로를 받을 곳도 없습니다. 하지만 그렇다고 해서 불행한 인생은 아닙니다. 오히려 행복한 인생입니다. 앞서 말했듯이 이들은 하나님께 위로를 받을 수 있기 때문입니다.

슬픔과 고통 가운데 하나님의 위로를 받은 적이 있습니까? 그렇다면 당신은 행복한 사람입니다. 사람에게서 행복을 찾는 것만큼 어리석은 일은 없습니다. 우물가의 여인은 다섯 명의 남자에게 버림받고 여섯 명째 남자를 만나고 있었습니다. 하지만 그 남자도 여인을 행복하게 해줄 수 없습니다. 사람이 다른 사람에게 줄 수 있는 행복은 일시적입니다. 그녀는 남편을 만나서 행복했던 것이 아니라 예수님을 만났기에 행복한 여자입니다.

누가복음 19장에 보면 세관원인 삭개오의 이야기가 나옵니다. 그는 부자였습니다. 그러나 그는 사람들이 가까이하지 않는 외로운 사람이었습니다. 요즘 말로 하면 왕따였습니다. 사람들은 세관원을 죄인이라고 부르기를 주저하지 않았습니다. 거의 강제적으로 세금을 징수해서 로마에 바치고 그 대가로 부를 축적하는 사람이었기 때문입니다. 유대인의 입장에서 보면 세관원은 환영할 수 없는 직업이었습니다.

그래서 사람들은 세관원을 몸 파는 여자와 동급으로 취급했고 죄인으로 여겼습니다. 그들과는 밥도 같이 먹지 않았으며, 그 집 근처에는 가지도 않았습니다. 그런 삭개오가 예수님께서 지나가신다는 사람들의 말을 듣고 예수님을 보려고 뽕나무 위로 올라갔습니다. 그는 키가 작아서 사람들 틈에서는 예수님을 볼 수 없었기 때문입니다.

삭개오는 어떤 사람이었을까요? 돈 많은 부자였지만 행복하지 않은 사람이었습니다. 키로 인한 신체적 열등감도 있었을 것이고, 정직하게 돈을 모은 것이 아니기 때문에 죄책감도 있었을 것입니다. 결국 삭개오는 자신의 처지에 대해서 슬퍼하고 애통해하는 외로운 사람이었습니다.

예수님께서 마을을 지나시다가 뽕나무 위로 올라간 삭개오를 보시고는 그의 집에 머물기를 청합니다. 사람들이 멀리하던 삭개오에게 예수님의 방문은 대단한 일이었습니다. 이것이 애통해하는 삭개오를 향한 예수님의 위로였습니다. 삭개오는 돈이 많고 권력이 있기 때문에 행복한 것이 아니었습니다. 그는 예수님의 위로를 받았기에 행복한 사람입니다.

하나님의 위로를 받으면 삶이 변화합니다.

하나님의 위로를 경험한 삭개오는 자신의 재산 중 반을 가난한 사람들에게 나누어주겠다고 선포합니다. 그리고 강제로 빼앗은 세금에 대해 네 배로 갚겠다고 결단합니다. 자신이 소유한 모든 것을 다른 사람들에게 나누고 베풀기로 결정한 것입니다. 삭개오는 돈으로 얻지 못한 행복을, 예수님으로 인해 얻었습니다. 하나님의 위로를 받았기에, 삭개오는 행복한 사람입니다.

자신이 불행하다고 느끼는 사람들이 있습니다. 상처와 아픔 때문에 아파하고, 자신의 모습을 부끄러워하며 행복을 느끼지 못합니다. 기쁨 없이 슬픔으로 살아가며 불행하다고 느끼는 사람은, 사실 행복한 사람입니다. 그들에게는 하나님의 위로가 약속되어 있습니다. 많은 문제를 안고 있는 죄인일지라도, 그래서 사람들이 나를 멀리할지라도 하나님은 절대로 멀리하시지 않습니다. 오히려 먼저 찾아와 만나주시고, 가치 있고 행복한 사람으로 바꾸어주십니다.

비록 나의 주변 사람들이 나의 변화를 믿어주지 않더라도, 하나님께서는 내가 변화되고 회복될 수 있다는 것을 믿고 기다려주십니다. 이것이 하나님의 위로입니다.

사람들은 어려운 일과 불행한 일을 겪을 때 슬퍼합니다. 그러한 일에 부딪히면 좀처럼 해결 방법이 보이지 않기 때문에 사람들은 절망합니다. 잘나가던 사업이 어느 날 부도가 났습니다. 하루아침에 길거리로 내몰리게 되었습니다. 빚을 갚을 방법이 없습니다. 이런 상황에서 애통해하고 슬퍼하고 눈물 흘리는 것은 당연합니다.

사랑하는 사람이 병들었습니다. 사랑하는 사람이 죽었습니다. 우리는 이러한 문제 앞에서 할 수 있는 것이 아무것도 없기 때문에 좌절합니다. 나사로가 병이 들어서 죽어갈 때 그의 누이들이 사람을 예수님께 보내어 도움을 청합니다. 그런데 예수님은 바로 오시지 않았습니다. 이틀을 더 머무시면서 나사로에게 가기를 지체하셨고 결국 나사로는 죽었습니다.

그제야 예수님은 자리에서 일어나 나사로에게 가십니다. 예수님을 보고 마리아와 이웃 사람들이 소리 내어 웁니다. 이 모습을 보시고 예수님은 비통해하셨고, 우는 그들과 함께 눈물을 흘리셨습니다. 그리고 죽은 나사로를 살려주셨습니다. 이것이 우리를 향한 하나님 아버지의 마음입니다. 우리가 괴로울 때 함께 괴로워하시는 분이 바로 하나님이십니다. 우리가 울 때 함께 울어주시는 분이 하나님 아버지이십니다.

그저 불쌍해서 울어주신 것이 아닙니다. 얼마나 힘들고 어려운 일인지 아시기 때문에 저절로 눈물이 흐르는 것입니다. 슬퍼하시던 예수님은 결국 죽은 나사로를 살리셨습니다. 사랑하는 오라비의 죽음으로 인해 애통해하던 자들을 위로해주시는 것입니다. 오라비의 죽음으로 인해 슬퍼하던 그들은 행복한 사람이었습니다. 하나님의 위로를 받았기 때문입니다. 하나님의 위로하심으로 죽은 나사로가 살아났고, 누이들은 슬픔에서 빠져나왔습니다.

슬퍼하는 사람이 행복해질 수 있습니다.

하나님께서 그들을 위로하시고 닥친 문제를 해결해주실 것이기 때문입니다. 해결의 기미가 보이지 않는 문제 가운데 애통해하는 사람이 있습니다. 집안 문제가 심각해서 소망이 없고 해결 가능성이 안 보입니다. 그러다 결국 모든 것이 끝장나버립니다. 그래서 이들이 불쌍한 인생인가요? 아닙니다. 이로 인해 하나님의 위로를 받을 수 있다면 그는 행복한 사람입니다. 하나님의 위로는 모든 절망 가운데 희망을 주고, 다시 일어나는 회복의 기적을 일으킵니다.

문제가 생기고 어려움이 생겼습니까? 도저히 내 힘으로 해결하지 못하는 절망 가운데 빠졌습니까? 눈물밖에 나오지 않는 그런 때에 하나님을 붙잡으시기 바랍니다. 하나님의 위로를 소원하십시오. 아무리 어렵고 힘든 상황이라도 주님은 도우십니다. 고통 중에 오셔서 위로하시고 회복시켜주십니다.

애통해하는 여러분은 복 있는 사람입니다. 행복한 사람입니다. 하나님의 위로를 경험할 수 있고 기적을 체험할 수 있습니다. 문제와 어려움이 생길 때마다, 고통과 슬픔을 느낄 때마다 말씀을 통해 하나님의 위로를 받으시기 바랍니다.

지금 하나님의 위로가 필요하십니까? 기도하시기 바랍니다. 기도하면 하나님의 음성을 들을 수 있습니다. 사람의 위로를 기대하지 마십시오. 사람은 함께 울어줄 수 있어도 문제를 해결해 줄 수는 없습니다.

사람의 위로를 받으려 하지 말고 하나님의 위로를 소원하기 바랍니다. 삶에 지쳐 눈물이 날 때마다 하나님을 찬양하고 예배하며, 위로하시는 하나님의 손길을 경험하십시오. 우리가 잘 아는

〈하나님께로 더 가까이〉라는 찬양이 있습니다.

> 하나님께로 더 가까이 갑니다
> 고통 가운데 계신 주님
> 변함없는 주님의 크신 사랑
> 영원히 주님만을 섬기리.

우리와 함께 아파하시고 눈물 흘리시는 하나님을 향한 고백입니다. 그분은 고통 가운데 우리와 함께 계십니다.

하나님께로 더 가까이 가려고 하는 소원함을 가지고 살아야 합니다. 슬픔이 슬픔으로 끝나면 복이 아닙니다. 애통이 애통으로 끝나면 복이 아닙니다. 고통이 고통으로 끝나면 복이 아닙니다. 애통하는 자에게는 위로가 있어야 행복합니다. 하나님의 위로가 있어야 행복할 수 있습니다.

내 삶에 적용해보기

1. 세상을 떠날 때 남기고 싶은 마지막 말은 무엇인가요?
2. 남은 생애 동안 무엇을 더 가져야 만족할 수 있을까요?
3. 처음 하나님을 만났을 때의 경험을 떠올려보세요.
4. 예수님을 만난 삭개오처럼 하나님의 위로를 받은 적이 있나요?
5. 슬픈 일을 겪은 친구에게 뭐라고 말해줄 수 있을까요?

슬퍼하는 사람은 행복합니다

온유한 자는 복이 있나니
그들이 땅을 기업으로 받을 것임이요

마태복음 5장 5절

> 팔복, 그 세번째

온유한 사람은 행복합니다

늦은 저녁 시간, 작은 트럭 위에서 우동을 파는 아저씨 한 분을 만났습니다. 우동이 맛있다는 소문이 나서 손님들이 제법 몰려듭니다. 자리에 앉아 우동을 먹다가 술에 취한 20대 청년과 주인아저씨와의 대화를 듣게 되었습니다.

교회에 갔었냐는 아저씨의 질문에 청년은 머뭇거리며, 가기는 했는데 늦게 갔다고 대답합니다. 그 말을 들은 아저씨는 참 잘했다고 칭찬하시더니 약속한 대로 우동을 공짜로 주겠다고 말씀합니다. 아마도 교회에 다녀오면 우동을 그냥 주겠다고 약속한 모양입니다. 우동을 다 먹고 돌아가는 청년에게 다음에 또 교회에 가면 우동을 그냥 주겠노라고 약속합니다.

　우동을 다 먹고 난 뒤 계산하려고 하는데 나의 책과 설교 테이프를 통해 많은 은혜를 받고 있다고 하시면서 극구 돈을 사양하십니다. 여러 명이 함께 우동을 먹은 터라 미안한 마음이 들었습니다. 그래서 계속 값을 지불하려고 하자 "다음에 계산하세요" 하시면서 대신 자신을 위해 기도해달라고 부탁합니다. 그분의 얼굴에는 기쁨과 행복이 가득했습니다. 우동을 파시는 분이 아니라 행복을 파시는 분처럼 보였습니다.

　주인아저씨는 1년여 전에 우동을 먹으러 온 어느 집사님의 전도로 예수님을 믿게 되었습니다. 그리고 장사하는 곳 근처에 있는 교회에 나가게 되었습니다. 저녁 6시부터 새벽 3시가 넘어서까지 장사하는 분이기 때문에 주일예배에 참석하는 것이 쉽지는 않았습니다. 그러나 예배당에 꾸준히 나가서 말씀 듣고 기도하면서, 그동안 알지 못했던 행복에 사로잡히기 시작했습니다.

　전에는 사는 것이 피곤하고 힘들었는데 점점 즐겁고 행복하게 느껴지기 시작했습니다. 우동 파는 일이 힘들고 어려웠지만, 그 일도 감사와 행복으로 바뀌었습니다. 급기야 새벽예배에 나가기 시작했습니다. 우동 장사가 새벽 3시 반쯤 끝나면 곧바로 예배당으로 달려갔습니다. 개인 기도시간을 갖고, 4시부터 시작되는 새벽예배를 드리고는 집으로 돌아가 잠을 청했습니다. 새벽까지 일하기 때문에 한 시간이라도 더 자고 싶었지만 이제는 한 시간 덜 자더라도 새벽예배 드리는 것이 기쁨이며 행복이라고 그는 고백합니다.

얼마 전에 트럭이 고장 났습니다. 그래서 5일 동안 장사를 하지 못했습니다. 예전 같으면 장사를 하지 못하는 데 대한 손해를 생각하며 염려하고 걱정했을 텐데 아무런 걱정이 되지 않았습니다. 오히려 마음이 편안했습니다.

5일 만에 트럭을 고쳐서 다시 장사를 시작했습니다. 아저씨는 5일에 벌 수 있는 수입을 3일 만에 벌었다고 말씀하시면서 기뻐합니다. 그분에게는 아직 자신의 소유로 된 가게가 없고 자그마한 트럭 한 대가 있을 뿐입니다. 아직 큰돈을 모으지도 못했습니다. 하지만 작은 트럭에서나마 우동을 팔 수 있는 것이 감사할 뿐입니다.

누가 봐도 행복한 우동가게 아저씨입니다.

예수 그리스도가
행복의 이유입니다.

네 잎 클로버의 꽃말은 '행운'입니다. 그래서 사람들은 주변에 널려 있는 세 잎 클로버를 짓밟으면서 네 잎 클로버를 찾기 위해 온 신경을 집중합니다. 그런데 우리가 무신경하게 지나치는 세 잎 클로버의 꽃말이 무엇인지 아시는지요? 바로 '행복'입니다. 한순간의 행운을 위해 가까이에서 얻을 수 있는 행복을 무시하면 안 됩니다.

행복은 멀리 있지 않습니다. 일상에서 언제든 발견할 수 있습니다. 그리고 행복은 큰 데 있지도 않습니다. 소욕지족(小慾知足)이라는 말처럼, 적은 것으로도 만족하면 넉넉해질 수 있습니다. 행복은 지극히 사소하고 일상적인 모습으로 우리에게 다가옵니다. 곤히 자고 있는 아이의 얼굴에도 행복이 깃들어 있고 아침 햇살의 따스함 속에도 행복은 존재합니다. 땀 흘리며 열심히 일하고 있는 사람들의 모습에서도 행복을 느낄 수 있습니다.

행복한 사람은 마음 안에 예수님을 모시고 사는 사람입니다. 그들은 바울과 실라와 같이 감옥에 갇혀 있는 어려운 상황이 생겨도 행복하게 노래할 수 있습니다. 행복을 위해 돈과 사람에 집착하게 되면 욕심을 부리게 되고, 결국에는 그것에 묶이고 맙니다. 그러나 예수님을 마음의 주인으로 모시면 삶이 달라집니다. 삭개오처럼 가난한 사람들에게 재산의 반을 나누어주면서도 온전히 기뻐하고 행복해할 수 있습니다.

예수님 한 분으로 만족할 수 있는 사람이 있습니다. 바로 온유한 사람입니다. 우리말 성경에 '온유'라고 번역된 헬라어 단어는 '프라우테스'입니다. 이것은 주인에게 잘 길들여진 동물이란 뜻이고, 실제의 의미는 '겸손하다, 부드럽다, 순하다, 약하다'는 뜻이며 히브리어로는 '아나우'라고 번역하고 있습니다. 이것은 비천하고 억압되어 있는 노예 상태를 말하는 것입니다. 다시 말하면 '자기를 낮추다', '괴롭힘을 당하다', '겸손하다'는 뜻을 가지고 있습니다. 부드러우면서도 약해 보이는 것이 온유입니다.

온유한 사람은 다른 사람에게 관대합니다.

민수기 12장 3절에 보면 "이 사람 모세는 온유함이 지면의 모든 사람보다 더하더라"라고 말하며 모세가 온유한 사람이라고 말하고 있습니다. 모세는 다른 사람이 자신을 비난하고 공격해도 반응하지 않았습니다. 이처럼 온유한 사람은 누군가가 자기를 욕하고 비난해도 그것에 대해 반응하지 않는 사람입니다.

모세가 에티오피아 여자를 아내로 맞이했습니다. 그런데 이 일에 대하여 미리암과 아론이 비난합니다. 자기를 비난하는 소리를 들었지만 모세는 반응하지 않고 아무런 변명도 하지 않습니다. 오히려 하나님께서 개입하셔서서 미리암과 아론을 꾸중하십니다. 그리고 모세를 비난한 미리암을 징계하셔서 한센병(문둥병)에 걸리게 하시는데, 이때 아론이 모세에게 와서 도움을 청합니다.

그러자 모세는 "하나님이여 원하건대 그를 고쳐주옵소서"(민 12:13)라며 미리암을 위해서 기도합니다. 그는 온유할 뿐 아니라 지혜로운 사람이었습니다. 화를 내는 것은 문제를 더 크게 만들고 모두를 불행하게 만듭니다. 지혜로운 사람은 화를 내기보다는 먼저 용서하고 이해합니다.

다른 사람을 미워하고 용서하지 못하고 살아가면 병드는 것은 결국 나의 마음입니다. 그래서 온유한 사람은 싸우지 않습니다. 자기의 기분이 상하거나 상처받았다고 해서 분노하지 않습니다. 그들은 공격하고 비난을 받아도 좀처럼 반응하지 않습니다.

요셉은 형들의 질투와 시기심 때문에 이집트의 노예로 팔려갔습니다. 죽을 고비도 있었고 졸지에 감옥살이까지 하게 되었습니다. 하나님의 은혜로 이집트의 국무총리가 된 뒤에 그는, 자기를 죽이려 모의하다가 결국 노예로 팔아버린 형들을 다시 만나게 됩니다. 상황이 역전되었습니다. 이제 자신은 이집트의 국무총리 자리에 있고 형들은 식량을 구걸하는 자리에 있는 것입니다.

얼마든지 복수하고 그들의 잘못에 대해서 꾸짖을 수 있었습니다. 그런데 요셉은 분노하지 않았고, 복수하지도 않았습니다. 오히려 "당신들이 나를 이곳에 팔았다고 해서 근심하지 마소서 한탄하지 마소서 하나님이 생명을 구원하시려고 나를 당신들보다 먼저 보내셨나이다"(창 45:5)라고 말하며 불안해하는 형들을 안심시킵니다. 그리고 요셉은 용서하는 것에서 끝내지 않고 오히려 넓은 마음으로 자신이 가진 것을 나누고 베풀어줍니다.

어려운 문제에 부딪혔을 때 다른 사람을 원망하고 비난한 적이 있습니까? 하지만 그렇다고 문제가 해결되는 것은 아닙니다. 나를 욕하고 미워하는 사람을 똑같이 욕하고 미워하면 순간의 만족은 얻을지 모릅니다. 돌아서면 마음 한구석에 드리운 어두운 그림자를 발견하게 될 것입니다.

온유한 사람은 악을 악으로 갚지 아니하고 오히려 사랑으로 감싸고 베풀어주는 행복한 사람입니다.

다윗은 자신을 죽이려고 했던 사울을 죽일 기회가 여러 번 있었지만 그를 살려주었습니다. 온유한 사람은 용서하는 사람입니다. 그리고 용서에서 끝나지 않고 베푸는 사람입니다. 온유한 사람은 다른 사람의 과거와 잘못에 대해 되묻지 않는 사람입니다.

마음에서 미움을 버리지 못하는 사람은 불행한 사람입니다. 미움을 가지고 복수하는 사람은 또 다른 미움을 만들어낼 뿐입니다. 용서하고 용서하고, 또 용서하고 일곱 번씩 칠십 번이라도 용서하고 나아가 상대방을 축복해줄 수 있는 사람이 행복한 사람입니다.

온유한 사람은
자기 문제를 먼저 봅니다.

온유한 사람은 자신을 낮추는 사람입니다. 나 아닌 다른 사람을 귀하게 생각하고 소중히 여기는 사람입니다. 한마디로 겸손한 사람이라고 할 수 있습니다. 빌립보서 2장 3절은 "아무 일에든지 다툼이나 허영으로 하지 말고 오직 겸손한 마음으로 각각 자기보다 남을 낫게 여기고"

라고 우리를 교훈하고 있습니다. 그래서 온유한 사람은 남의 눈에 들어 있는 티를 지적하지 않습니다. 다른 사람의 문제점을 끄집어내서 비난하지 않습니다. 오히려 다른 사람의 아름다움과 장점을 보는 행복한 사람입니다. 아름다운 것을 볼 수 있는 눈을 가진 사람이 행복합니다.

우리는 마음이 교만해지지 않도록 주의해야 합니다. 그런 마음에는 행복이 자리 잡을 수 없기 때문입니다. 교만은 자신의 탁월함을 자랑하고 싶어 하는 마음입니다. 그래서 교만한 사람은 자신의 장점을 말하면서 동시에 다른 사람의 약점을 봅니다. 어떻게든 경쟁하고 싸워서 이기려고 합니다. 그러다 보니 늘 남의 시선을 의식하며 살게 됩니다. 혹시 다른 사람들이 나에 대해 안 좋은 이야기를 하는 것은 아닐까? 나에 대해서 부정적으로 평가하는 것은 아닐까? 나의 약점을 들춰내는 것은 아닐까? 하며 다른 사람의 말에 신경 쓰는 것입니다. 한마디로 피곤한 인생입니다.

프랭크 크레인이 말하기를, 가장 무서운 사기꾼은 자신을 속이는 사람이고 가장 치명적인 타락은 남을 미워하는 것이며 가장 어리석은 일은 남의 결점을 찾아내는 일이라고 했습니다.

베드로전서 5장 5절은 "젊은 자들아 이와 같이 장로들에게 순종하고 다 서로 겸손으로 허리를 동이라 하나님은 교만한 자를 대적하시되 겸손한 자들에게는 은혜를 주시느니라"라고 가르치고 있으며, 잠언 29장 23절은 "사람이 교만하면 낮아지게 되겠고 마음이 겸손하면 영예를 얻으리라"라고 말씀합니다.

온유한 사람은 세상과 반대로 살아갑니다.

온유한 사람은 세상과 반대의 가치관을 가지고 사는 사람입니다. 원수에게 복수하지 않고 오히려 베푸는 것이 세상과 반대되는 정신입니다.

세상 사람은 '살기 위해' 죄를 짓지만, 세상과 반대되는 생각을 가진 사람은 '살기 위해' 죄를 짓지 않습니다. 많은 사람은 화가 나면 참으라고 이야기합니다. 그러나 온유한 사람은 참는 데서 끝나는 것이 아니라 나아가 섬기고 축복합니다. 하늘에 속한 원칙과 하늘의 법에 따라 사는 온유한 사람은 남들 보기에 바보 같이 보일 수 있습니다.

중국에서 농사를 짓는 한 농부가 예수님을 믿게 되었습니다. 논은 계단식으로 되어 있었는데, 그중에서도 맨 꼭대기에 있는 논이 이 농부의 것이었습니다. 논이 가장 높은 곳에 있었기 때문에 밑에 있는 저수지에서 날마다 물을 길어 열심히 물을 대면서 농사를 지어야 했습니다. 그러던 어느 날, 바로 밑에서 농사짓던 다른 농부가 밤마다 이 농부의 논의 물꼬를 터서는 물을 아래에 있는 자기 논에 다 흘러가게 만드는 것을 보았습니다.

이런 얌체가 어디 있습니까? 얼마나 화가 나겠습니까? 농부는 참고 또 참았습니다. 자신이 참고 견디면 밑에 있는 논의 주인이 반성하리라 생각했는데 전혀 변화가 없습니다. 견디다 못한 농부가 교회 지도자를 만나서 있었던 일들을 말했습니다. 그 이야기를 다 들은 교회 지도자는 내일부터는 그 사람의 논에 물을 먼저 채워주고, 그 다음 자기 논의 물을 채우라고 조언해주었습니다.

무언가 깨달은 농부는 바로 그날, 아래의 논에 물을 다 채워주고 나서 자기 논의 물을 채웠습니다. 그러자 그 모습을 목격한 아래쪽 논의 주인은 즉시 달려와서는 용서를 구했다고 합니다.

참는 데서 끝나서는 안 됩니다. 섬기고 베푸는 데까지 나아가야 합니다. 지금까지 나를 힘들게 했던 다른 사람의 논에 물을 길어다주는 것이 얼마나 손해이겠습니까? 그러나 손해 보는 사람이 행복한 사람입니다. 많은 사람이 불행하게 사는 것은 이렇게 따스한 마음을 잃어버렸기 때문입니다. 따스한 마음은 나 아닌 다른 사람을 귀하게 여기고 사랑할 때 생기는 마음입니다. 이 마음을 회복해야 합니다. 따스한 마음을 잃어버린 사람은 더불어 사는 즐거움을 누리지 못합니다. 아무리 많은 것을 가지고, 배불리 먹어도 행복하지 않습니다.

온유한 성품은 타고나는 것이 아닙니다.

화내지 않는 사람은 아마 거의 없을 것입니다. 우리는 분노하고 화내는 일에 익숙합니다. 남이 나를 때리고 욕하면 나도 똑같이 갚아야 직성이 풀립니다. 우리는 이런 세상에 살아가고 있습니다. 그러나 이 땅에서도 하늘의 기준을 바라보고 살아야 합니다. 그럴 때 온유한 성품을 가질 수 있습니다.

온유는 하나님의 성품이고 성령께서 주시는 열매 중의 하나입니다. 그래서 하늘에 속한 성품이라고 말할 수 있습니다. 예수께서는 "나는 마음이 온유하고 겸손하니 나의 멍에를 메고 내게 배우라 그리하면 너희 마음이 쉼을 얻으리니"(마 11:29)라고 말씀하셨습니다. 예수님의 온유한 성품을 닮아가도록 날마다 묵상해야 합니다. 간절히 사모하고 기도하며 산다면 우리의 성품도 변화될 수 있습니다.

   우리는 신앙생활을 해오면서 많은 말씀을 들었습니다. 아마 보고 배운 것만을 가지고 말한다면 우리는 이미 성인(聖人)의 수준에 도달하고도 남았을 것입니다. 하지만 스스로의 삶을 돌아보시기 바랍니다. 듣고 배우는 것보다 더 중요한 것이 있습니다. 바로 예수님의 말씀이 우리의 삶 속에 뿌리내려 실천으로 열매 맺는 것입니다. 말씀이 곧 성품이 되어야 합니다.

   예수님을 따르는 제자는 예수님의 성품을 닮은 사람입니다. 우리가 예수님의 제자로 살아가려면 그분의 가르침대로 살아야 합니다. 자신의 성품이 변화되어가고 있는지를 날마다 스스로 점검하시기 바랍니다.

   당신은 예수님을 따르는 제자입니까? 그렇다면 기억하고 살아야 할 중요한 한 가지가 있습니다. 신앙생활을 하며 날마다 새로운 것을 배우는 데에만 의미를 두지 마십시오. 이미 배워서 알고 있는 것을 묵상하며, 끊임없이 삶으로 드러내야 합니다.

온유한 사람은
땅을 기업으로 받습니다.

그래서 온유한 사람이 행복한 사람입니다. 땅을 기업으로 받는다는 것은 부자가 된다는 뜻이 아닙니다. 그것은 하나님이 허락하신 영향력을 갖게 된다는 뜻입니다.

우리는 흔히 힘이 있고 권모술수에 뛰어난 사람이 세상을 이끌어 가고 세상에 영향을 준다고 생각합니다. 또한 자기 이익만 챙기고 욕심을 부리는 사람이 잘 사는 것처럼 보입니다. 하지만 사실은 그렇지 않습니다. 이러한 사람들 때문에 세상은 더 불행해지고 있습니다.

세상을 아름답게 바꾸는 사람은 다름 아닌 온유한 사람입니다. 착하고 아름다운 마음을 가진 사람으로 인해 세상이 따뜻해질 수 있습니다. 그들에게는 세상을 변화시키는 힘이 있습니다. 복수하는 사람이 아니라 용서하는 사람이 세상을 행복하게 만듭니다. 온유한 사람은 자기 혼자만 행복한 것이 아니라 주변 사람들까지 행복하게 만드는 힘이 있습니다.

태국이 공산화되지 않은 이유를 설명하고 있는 책을 최근에 읽었습니다. 1975년, 베트남과 라오스, 캄보디아가 차례로 공산화

되었습니다. 당시의 서구 열강은 다음 차례는 태국이라고 예견하고 있었습니다.

이때 태국 정부와 군부는 나라 밖의 공산주의자들보다도 나라 안에서 활동하고 있는 공산주의자들을 더 경계하고 있었습니다. 공산주의에 동조하는 태국의 많은 대학생이 게릴라에 지원하기 위해 정글로 몰려드는 상황이었기 때문입니다. 나라 밖의 공산주의자들은 이들에게 무기를 공급했고, 동조하던 많은 주민은 식량을 제공했습니다.

이렇게 긴박한 상황에서 태국 정부는 몇 가지의 해결책을 세웠습니다. 그 첫째는 공산주의자들의 본거지를 알고 있음에도 불구하고 먼저 공격하지 않은 것입니다. 그들을 자극하지 않고 기다렸습니다. 그리고는 총을 버리고 투항하는 공산주의자들을 처벌하지 않고 무조건적으로 용서했습니다. 뿐만 아니라 학교와 마을로 돌아가 일상으로 복귀할 수 있도록 해주었습니다.

둘째로, 공산주의자들이 활동하는 지역을 우선적으로 개발하기 시작한 것입니다. 길을 새로 만들고 학교와 진료소를 세워주었습니다. 처음에는 정부에 대한 불만을 가지고 공산주의 운동을 시작했는데 더 이상 총을 들 이유가 없어진 것입니다. 실제로, 총을 버려두고 학교와 가정으로 돌아가는 사람이 많아졌습니다. 태국 정부는 게릴라 지도자들의 지도력을 높이 평가하여 그들을 정부 요직에까지 임명했습니다. 결국 다른 주변 국가들은 공산화되었지만 태국은 공산주의로부터 나라를 지킬 수 있었습니다. 용서하는 온유한 마음은 세상을 변화시키는 힘이 있다는 것을 보여주는 사건입니다.

시편 37편 11절에 "온유한 자들은 땅을 차지하며 풍성한 화평으로 즐거워하리로다"라고 기록하고 있는 것처럼, 온유한 사람은 영향을 발합니다. 베푸는 마음을 가진 온유한 사람들 때문에 세상은 행복해질 수 있습니다. 시편 37편을 보면 "잠잠하고 참고 기다리라"고 강조하고 있습니다.

지금은 온유한 사람이 실패하는 것같이 보이고 악한 사람들이 잘 사는 것처럼 보입니다. 그러나 진짜 온유한 사람은 절망하지 않고 묵묵히 선을 행하며 기다리는 사람입니다. 하나님께서 온유한 자에게 땅을 기업으로 주신다는 것을 기억하십시오. 참고 또 참고 기다려보기 바랍니다. 결국에는 온유한 사람을 통해 세상이 변화합니다.

그것만큼 행복한 일이 어디 있겠습니까? 이것이 행복입니다.

다른 사람을 속이려 하지 말고 오히려 속는 사람이 되십시오. 손해를 보더라도 정직하고 온유하게 사는 것이 진정한 행복입니다.

내 삶에 적용해보기

1. 행복한 우동가게 아저씨를 보고 어떤 생각이 들었나요?
2. 약한 자가 진정한 강자임을 경험해본 적이 있나요?
3. 다른 사람을 용서하지 못하고 있다면, 그 이유가 무엇인가요?
4. 남에게 가장 아낌없이 베풀었던 경험을 떠올려보세요.
5. 현재 갈등을 겪고 있는 일을 어떻게 풀어나갈 수 있을까요?

의에 주리고 목마른 자는 복이 있나니
그들이 배부를 것임이요

마태복음 5장 6절

> 팔복, 그 네번째

의에 주리고 목마른 사람은 행복합니다

어느 유명 연예인이 암 진단을 받았습니다. 그는 행복한 삶을 좇아 치열하게 돈을 벌었습니다. 인기를 얻기 위해서라면 어떤 일이라도 서슴지 않았습니다. 그리고 외롭고 힘들 때면 늘 술에 의지하고 살았습니다. 살날이 얼마 남지 않았다는 진단을 듣고 그는 지푸라기라도 잡는 심정으로 신앙생활을 시작했습니다. 그리고 오래지 않아 예수님을 삶의 주인으로 마음에 모시게 되었습니다. 그는 술과 돈에서 얻지 못한 기쁨과 행복을 느끼게 되었습니다. 죽음을 앞둔 상황이었지만 그의 얼굴에는 두려움이 아닌 기쁨이 가득 찼습니다.

그는 사람들을 만날 때마다 "샬롬" 하고 인사하며 자신에게 참 행복을 알게 해주신 예수님을 그들에게 알려주었습니다. "이렇게 좋은 걸 왜 진작 안 믿었는지 모르겠습니다. 예수님을 믿으니 참 행복합니다"라고 주변 사람들에게 소망을 전했습니다. 그리고 얼마 후 미소 지으며 세상을 떠났습니다.

> 무릇 시온에서 슬퍼하는 자에게 화관을 주어 그 재를 대신하며 기쁨의 기름으로 그 슬픔을 대신하며 찬송의 옷으로 그 근심을 대신하시고 그들이 의의 나무 곧 여호와께서 심으신 그 영광을 나타낼 자라 일컬음을 받게 하려 하심이라(사 61:3).

위의 말씀처럼 예수님은 우리에게 슬픔 속에서도 기뻐할 수 있는 이유를 알려주십니다. 예수님을 만난 사람은 슬픔의 상황에서도 기쁨을 노래하고 고통의 상황에서도 감사를 말할 수 있습니다. 그래서 예수님을 만난 사람은 행복합니다.

오늘날 우리가 사는 세상은 인간에 대한 존엄성이 점점 사라져가고 있습니다. 부정(不正)과 불의(不義)가 가득합니다. 정치하는 분들이 모여 있는 국회에도 문제가 많고 돈과 관련된 비리가 끊이지 않고 있습니다. 사회 지도층의 권력자들은 자기의 지위와 권력을 이용해서 땅 투기를 하고 뇌물을 받습니다. 심지어 점심을 먹지 못하는 초등학생들의 급식 지원 예산을 정치 논리로 삭감해버리는 일도 벌어지고 있습니다.

그러한 사람들을 보며 우리는 분노합니다. 가난하고 힘없는 자들이 억울한 일을 당한다는 소식을 접할 때마다 우리의 마음에는 분노가 일어납니다. 교육의 현장에도 분노할 만한 문제들이 쌓여 있습니다. 명문대학만을 외치는 교육의 현실에 절규하고, 청소년들의 방황과 가출 소식에 마음 아파합니다. 학교 선생님에게 돈을 주며 자기 자녀의 시험지를 고치는 이기적인 현실을 보면서 우리는 분노할 수밖에 없습니다.

의에 주리고 목마른 사람은 불의에 분노합니다.

사회가 더 이상 이래서는 안 된다고, 바뀌고 개혁되어야 한다고 말하는 사람이 의(義)에 주리고 목마른 사람입니다. 그러나 의에 주리고 목마른 상태로만 있으면 세상은 변하지 않습니다. 의에 대한 간절한 목마름이 있다고 해도 분노와 미움으로 끝나버립니다. 그리고 이 분노와 미움은 문제를 해결하는 것이 아니라 또 다른 불의와 문제를 만듭니다.

한국전쟁이 일어났을 때 소작농들은 지주들에게 많은 핍박을 받았습니다. 지주들이 소작농들에게 지나친 소작료를 요구했기 때문입니다. 수확량의 60~70퍼센트를 요구했던 터라, 가진 땅이 없는 소작농들은 힘들고 지칠 수밖에 없었습니다. 이들은 지주들에게 분노의 감정을 품었습니다. 정의에 주릴 대로 주리고 목마른 상태였습니다. 그러던 중 공산당이 나타나 토지는 인민의 것이라고, 그것을 인민에게 돌려줘야 한다고 외쳤습니다.

이 말에 감동받은 소작농들은 공산당과 함께 지주들을 인민재판에 끌고 와서 숙청했습니다. 죽창으로 지주들을 찔러 죽인 것입니다. 한마디로 복수한 것입니다. 하지만 그렇다고 근본적인 문제가 해결되지는 않았습니다.

오늘날에도 여전히 보이지 않는 지주와 소작농이 존재합니다. 신문에서 국민의 1퍼센트가 대한민국 땅 절반을 소유하고 있다는 기사를 보았습니다. 대한민국 1퍼센트의 사람들이 대한민국 국토의 반을 가지고 있다는 것입니다. 모양만 다를 뿐이지 지주와 소작농 관계는 여전히 남아 있습니다.

　기성 정치인들의 잘못과 문제에 대해서 분노하고 비판하는 사람들이 있습니다. 개혁하자고 외치던 사람들입니다. 분명 의에 주리고 목마른 사람들이었습니다. 하지만 그러한 사람들이 정치를 하게 되면 세상이 달라질까요? 이들 역시 개혁을 바라는 국민의 마음을 헤아리지 못하고, 자신들이 비판하던 기성 정치인들의 모습을 그대로 답습하고 맙니다.

　예수님 시대의 사회도 문제가 많았습니다. 부정부패가 만연했고, 종교 지도자인 대제사장들은 타락했습니다. 고쳐야 할 제도와 문제가 산재해 있었습니다. 예수님은 그러한 현실에 대하여 분노했습니다. 의에 주리고 목마른 분이었습니다.

　하지만 예수님은 부정부패가 만연한 당시의 사회를 보면서 사람을 바꾸자고, 사회를 개혁하고 제도를 바꾸자고 외치지 않으셨습니다. 새로운 시대는 사람과 제도를 바꾼다고 오는 것이 아니기 때문입니다. 우리는 선거 때마다 새로운 인물과 정당을 외치는 사람들에게 늘 속아왔습니다. 새로운 정권이 들어서고 집권 여당이 바뀐다고 해서 나라가 바뀌는 것이 아님을 보았습니다.

　예수님께서는 의에 주리고 목마른 자들이 어떻게 세상을 바꿀 수 있는지 주기도문을 통해서 우리에게 알려주셨습니다. "나라가 임하시오며 뜻이 하늘에서 이루어진 것같이 땅에서도 이루어지이다"(마 6:10). 하나님 나라가 임해야 의에 대한 배고픔과 목마름이 해결될 수 있습니다. 하나님 나라가 이 땅에 임해야 불의한 세상이 바뀔 수가 있습니다.

의에 주리고 목마른 사람은 하나님 나라를 소원합니다.

사람의 힘으로는 세상을 바꿀 수 없습니다. 그것이 현실입니다. 그래서 하나님 나라가 임하기를 소원하는 것입니다. 하나님 나라는 어떤 곳입니까? 하나님의 통치와 다스림이 이루어지는 나라입니다. 예수님은 우리에게 하나님 나라로 '가게' 해달라고 기도하도록 가르치지 않으셨습니다. 대신 하나님의 나라가 '오게' 해달라고 기도하도록 가르치셨습니다.

하나님 나라는 죽어서 가는 저 세상이 아닙니다. 하나님의 나라는 지금의 세상이 망하고 새롭게 세워지는 왕국도 아닙니다. 하나님 나라는 지금 우리가 사는 이 세상과 역사 속에서 이루어지는 것입니다. 우리가 사는 세상은 불의가 많고 문제도 많습니다. 부정하고 부패한 세상입니다. 세상이 악해질수록 더욱 하나님 나라가 임해야 합니다.

예수님을 따르는 제자라면, 산속에 예배당을 짓지 않습니다. 세상이 타락했다고, 세상을 피해 살지도 않습니다. 오히려 죄 많고 어두운 세상 속에서 소금과 빛의 역할을 하며 살아야 합니다. 하나님의 말씀을 가지고 세상으로 나아가 세상을 바꾸어야 합니다. 무엇보다 하나님의 뜻이 이 땅에 이루어지길 소원하는 것이 중요합니다. 그분의 뜻을 이루기 위해서는 우리가 하나님의 도구가 되어야 합니다.

우선적으로, 하나님 나라가 내 삶에 임해야 합니다. 내가 먼저 변화되고 회개해야 합니다. 내가 먼저 하나님을 주인으로 모시고 내 속에 하나님 나라를 이루어야 합니다. 하나님의 말씀 때문에 나의 생각이 바뀌어야 합니다. 하나님의 말씀으로 생각과 행동이 변화하는 것이 회개입니다. 세상이 달라지기 원한다면 우리 각자가 의에 주리고 목마른 사람이 되어야 합니다. 왜냐하면 우리가 세상의 일부이기 때문입니다.

내가 변화하면 사회도 변화합니다. 내가 말씀을 듣고 회개해서 생각이 변화하면 부흥(Revival)이 일어납니다. 부흥은 절대 숫자와 규모의 차원이 아닙니다. 오늘날 교회는 갈수록 화려해지고 거대해지고 있습니다. 하지만 큰 건물이 사람과 사회를 깨우고 변화시키는 것이 아닙니다. 중요한 것은 사명을 깨닫고 순종하는 일입니다. 우리는 예배당 안에서 말씀으로 변화되어 밖으로 나가야 합니다. 그리고 변화된 삶을 통해 세상을 변화시키는 것이 우리의 사명입니다.

죽어 있던 것이 살아나는 것이 부흥입니다. 하나님을 떠나 있던, 그래서 죽어 있던 것이 말씀으로 다시 살아나는 것이 진짜 부흥입니다. 은혜받은 우리가 변화된 삶을 살면 우리가 속해 있는 사회 또한 변화될 수 있습니다. 다시 말해 부흥이 일어나면 사회는 개혁됩니다.

그래서 하나님 나라를 '3R'로 표현할 수 있습니다. 첫 번째는 '회개(Repentance)'입니다. 생각의 변화가 일어나서 내 안에 하나님의 나라가 임하면 그 다음에 오는 것이 '부흥(Revival)'입니다. 부흥이 일어나면 사회는 '개혁(Reform)'됩니다.

나의 변화, 즉 생각의 변화를 포함한 회개가 없으면 부흥은 일어나지 않습니다. 수천 명, 수만 명을 예배당에 모아놓고 집회하더라도 모였던 사람들이 예배당 밖으로 나가 이전과 똑같이 살면 세상은 절대로 변화되지 않습니다.

회개와 부흥이 없이는 사회도 개혁되지 않는다는 것을 기억해야 합니다. 지금 일하고 있는 일터에 나를 힘들게 하는 문제가 있더라도 그곳을 떠나지 말아야 합니다. 어둡고 문제가 많아 썩어가는 곳이라고 해도 절대로 떠나지 마십시오. 사회가 타락했다고 산속으로 올라가 홀로 은둔해서도 안 됩니다. 의에 대한 목마름을 가지고 하나님 나라가 임하기를 소원해야 합니다. 그리고 그분의 뜻을 이 땅에 나타내기 바랍니다.

예수님은 의에 주리고 목말라서 '배부르게' 된 사람이 행복하다고 말씀하셨습니다. 정직과 공의에 대한 목마름을 가지고 부조리한 현실과 싸우면 결국 세상은 변화됩니다. 이것이 진정한 '배부름'입니다.

현실과 타협하는 사람이 행복한 것이 아닙니다. 현실과 싸워서 하나님 나라가 이 땅에 임하게 하고, 하늘의 뜻이 땅에 이루어지도록 하는 사람이 진정 행복한 사람입니다. 하나님께서는 변화된 우리를 통해 부흥을 일으키기를 원하십니다. 하나님의 뜻이 이루어지는 아름다운 세상을 원하십니다.

의에 주리고 목마른 사람은 변화를 위해 기도합니다.

예수님을 따르는 제자들은 기도합니다. 어떠한 노력으로도 스스로 목마름과 배고픔을 해결할 수 없다는 것을 너무나 잘 알고 있기 때문입니다. 우리의 외침과 주장으로는 문제가 해결되지 않습니다. 문제 있는 사람을 판단하거나 비판해도 현실은 좀처럼 바뀌지 않습니다.

그러면 어떻게 해야 할까요? 기도가 있어야 사람이 변하고, 사회가 변합니다. 기도가 있어야 성령의 역사가 일어납니다. 영어성경은 성령의 역사를 '성령의 데모(Demonstration of Holy Spirit)'라고 번역하고 있습니다. 성령께서 데모를 하셔야 세상이 변화합니다. 성령의 역사는 세상을 바꾸고 개혁합니다. 하나님의 뜻대로 기도하면 무너질 것 같지 않던 여리고 성도 무너집니다.

소돔과 고모라를 기억하십니까? 그곳은 음란한 땅이었기 때문에 망한 것이 아니라 의인(義人) 10명이 없어서 망했습니다. 의인 열 명은 어떤 사람을 말할까요? 바로 소돔과 고모라를 위해 기도하는 사람을 뜻합니다. 기도하는 열 사람이 없었기 때문에 '온 땅에 물이 넉넉하고 여호와의 동산 같던' 소돔과 고모라가 망한 것입니다.

아무리 사회문제가 심각하더라도 의에 대한 간절한 목마름으로 기도하는 사람들이 있으면, 그 사회는 소망이 있습니다. 하나님 나라가 임하기를 소원하며 기도하는 의인이 있으면 하늘나라가 이 땅에 임하고 하늘의 뜻이 이루어집니다.

1857년 9월, 뉴욕 맨해튼의 더치(Dutch) 개혁교회의 다락방에서 제레미아 램피아라는 사업가가, 사업가 중심의 기도 모임을 시작했습니다. 6명이 모인 첫 기도 모임을 시작으로, 그들은 뉴욕의 변화와 부흥을 위해 매일 꾸준하게 기도했습니다. 이후 뉴욕의 여러 교회에서 동일한 목적을 가진 기도 모임이 생기기 시작했습니다.

1858년 3월에는 뉴욕 도심의 모든 교회에, 뉴욕을 위해 기도하는 사람들의 모임이 시작되었습니다. 각 교회의 기도 모임을 취재하던 한 신문기자가 한 시간 동안 12개 교회를 돌아다니며 취재한 결과, 12개 교회에서 6,100명이 '뉴욕의 변화와 부흥'이라는 동일한 주제를 가지고 기도하고 있었습니다.

그 이후 뉴욕 시에는 매주 수천 명이 회심하는 역사가 일어나기 시작했고 이러한 운동이 미국 동부지역까지 퍼졌습니다. 이 지역의 많은 교회에서 오전 8시와 12시, 그리고 오후 6시에 기도 모임을 알리는 종소리가 들리기 시작했습니다. 여섯 명의 기도 모임이 동부지역의 많은 교회를 깨우기 시작했습니다.

그때 당시 미국 전체 인구가 3,000만 명이었는데 100만 명이 회심하는 놀라운 일이 일어났습니다. 개인뿐만 아니라 사회적으로도 변화가 일어났습니다. 반면 지금의 미국 사회는 총기 사고, 동성애 문제 등을 비롯한 여러 가지 문제를 안은 채 신음하고 있습니다. 선조들의 기도를 이어가지 못하고 있기 때문에 어려움을 겪고 있는 것입니다.

1904년, 영국 웨일스 지방의 큰 부흥을 주도했던 이반 로버츠라는 청년이 있었습니다. 25살인 그는 매일 웨일스의 변화와 부흥을 위해 기도했고 그의 끊임없는 기도는 수십만 명이 회개하는 역사를 일으켰습니다. 많은 사람이 변화되었고 사회의 모습도 달라졌습니다.

감리교 기록지는 당시 상황을 다음과 같이 보고했습니다. "웨일스는 지금, 과거의 어떤 부흥과도 비교할 수 없는 부흥의 격렬한 아픔과 환희의 한가운데 있다. 이것은 이른바 '도덕 혁명'이라고 할 수 있다."

기도해야 하나님 나라가 이 땅에 임하고 하늘의 뜻이 땅에서도 이루어집니다. 하나님께서 우리의 기도를 들으시고 세상을 바꾸어주실 것이기에 우리는 행복한 사람입니다.

내 삶에 적용해보기

1. 오늘날 가장 심각한 사회 문제가 무엇이라 생각하나요?
2. 세상의 부정과 불의를 보고 어떻게 반응해야 할까요?
3. 하나님 나라가 이 땅에 임하게 되면 어떤 변화가 일어날까요?
4. '회개'와 '부흥', 그리고 '개혁'의 관계에 대해서 생각해보세요.
5. 가장 인상깊었던 기도의 역사는 무엇인가요?

긍휼히 여기는 자는 복이 있나니
그들이 긍휼히 여김을 받을 것임이요

마태복음 5장 7절

긍휼히 여기는 사람은 행복합니다

팔복, 그 다섯번째

내가 존경하는 의사가 한 명 있습니다. 그는 자신보다 어렵고 힘든 사람들을 도와주는 것을 행복으로 여기며 살고 있습니다. 가난한 환자들을 무료로 진료해주는 것은 물론 수술도 망설이지 않습니다. 또한 가정 형편이 어려운 여러 학생들에게 장학금도 지급하고 있습니다. 그러면서도 사람들이 자기를 칭찬하려고 하면 극구 사양하고, 이목이 집중되는 것을 원하지 않습니다.

사실 그는 가난한 어린 시절을 보냈습니다. 그래서 가난한 사람들의 어려움을 잘 알고 있습니다. 그는 가난한 사람들에 대한 마음이 남다르기 때문에, 어려운 사람을 절대 그냥 지나치지 않습니다.

잠언 21장 26절은 "어떤 자는 종일토록 탐하기만 하나 의인은 아끼지 아니하고 베푸느니라"라고 말합니다. 이처럼 행복은 소유에 있지 않고 다른 사람에게 나누고 베푸는 데 있습니다. 하지만 대부분의 사람은 자신의 행복을 위해 더 많은 것을 소유하려 하고, 소유가 많아지면 많아질수록 욕심이 더 생깁니다.

욕심을 부리는 사람은 절대 만족하지 못합니다. 하나를 소유하면 둘을 가지고 싶은 것이 사람의 욕심이기 때문입니다. 잠언 28장 25절은 "욕심이 많은 자는 다툼을 일으키나 여호와를 의지하는 자는 풍족하게 되느니라"라고 기록합니다. 다른 사람보다 더 많이 가지려고 욕심을 부리면 다른 사람과 다투거나, 그들을 속이기까지 합니다.

우리는 예전보다 더 많은 것을 누리고 있지만 그렇다고 마음이 더 행복한 것은 아닙니다. 오히려 더 허전하고 불행합니다. 사람들이 "살기 힘들다"는 말을 입에 달고 살아가고 있는 것을 보십시오. 이것은 욕심 때문입니다. 욕심은 '부릴' 것이 아니라 '버릴' 것입니다. 돈을 쥐고 나누지 못하는 것은 탐욕의 마음입니다.

그래서 디모데전서 6장 17~19절은 다음과 같이 말합니다.

> 네가 이 세대에서 부한 자들을 명하여 마음을 높이지 말고 정함이 없는 재물에 소망을 두지 말고 오직 우리에게 모든 것을 후히 주사 누리게 하시는 하나님께 두며 선을 행하고 선한 사업을 많이 하고 나누어주기를 좋아하며 너그러운 자가 되게 하라 이것이 장래에 자기를 위하여 좋은 터를 쌓아 참된 생명을 취하는 것이니라.

하나님께서는 우리 모두에게 필요한 것을 풍성하게 주시고, 우리가 받은 것을 누리며 행복하게 살기를 원하십니다. 그러기 위해서는 선한 일로 마음을 부요하게 하며, 아낌없이 베풀고 기꺼이 나누는 삶을 살아야 합니다. 이러한 사람이 소망을 하나님께 두고 사는 사람입니다.

반면 자신의 소망을 재물에 두고 사는 사람이 있습니다. 그는 돈으로 인해 행복을 얻지 못할 뿐 아니라 결국 욕심과 교만으로 인해 나누고 베풀지 못합니다. 다시 말해 만족과 감사가 없는 삶을 사는 것입니다.

많은 사람이 불행하다고 느끼는 이유가 바로 여기에 있습니다. 행복하게 살기 원한다면 욕심을 부리지 마십시오. 아낌없이 베풀고 나누며 살아야 합니다. 이것이 바로 긍휼입니다. 긍휼히 여기는 사람이 행복할 것이라고 예수님께서 말씀하셨습니다.

긍휼히 여기는 사람은 함께 아파합니다.

나 아닌 다른 사람을 불쌍히 여기는 사람이 행복한 사람입니다. 그들은 아픈 사람이 있을 때 함께 아파하고, 울고 있는 사람과 함께 울어줍니다. 예수님은 인간의 몸으로 이 세상에 오셔서 인간의 가난과 외로움, 심지어 죽음을 경험하기까지 우리를 불쌍히 여기셨습니다. 예수님께서는 나사로의 죽음 때문에 우는 사람들을 보시고 "나사로를 살려줄 테니 울지 말라"고 하시지 않았습니다. 대신 그들과 함께 눈물을 흘리셨습니다. 그 뒤에 나사로를 살리셨습니다. 이것이 긍휼히 여기는 것입니다.

다른 사람을 긍휼히 여기는 사람은 남을 판단하지 않습니다. 그들이 가난한 것은 열심히 일하지 않았기 때문이라고 정죄하거나 무시하지도 않습니다.

한 어머니가 초등학생인 딸을 데리고 길을 가다가 걸인을 보게 되었습니다. 그녀는 동전 몇 개를 딸에게 주면서 구걸하고 있는 사람에게 주라고 했습니다. 그리고 딸에게 "너도 공부 안 하면 저렇게 된다"고 말했습니다. 이것은 절대로 긍휼히 여기는 것이 아닙니다. 판단하는 것입니다. 그 어머니가 건넨 몇 푼의 돈은 가진 자의 오만에 불과한 것입니다.

잠언 14장 21절에 "이웃을 업신여기는 자는 죄를 범하는 자요 빈곤한 자를 불쌍히 여기는 자는 복이 있는 자니라"라고 말씀하고 있으며, 같은 장 31절에는 "가난한 사람을 학대하는 자는 그를 지으신 이를 멸시하는 자요 궁핍한 사람을 불쌍히 여기는 자는 주를 공경하는 자니라"라고 기록하고 있습니다.

가진 것이 많기 때문에 다른 사람과 나누는 것이 아닙니다. 가난한 자의 고통을 이해하기 때문에 나눌 수 있는 것입니다. 그 마음을 이해하고 나누려는 사람이 긍휼히 여기는 사람입니다. 잠언 19장 17절에 "가난한 자를 불쌍히 여기는 것은 여호와께 꾸어 드리는 것이니 그의 선행을 그에게 갚아주시리라"라고 말씀하고 있는 것처럼 가난한 자를 불쌍히 여기면 하나님께서 그 선행을 갚아주십니다. 이보다 더 행복한 일이 어디 있겠습니까?

유럽에서 교도소 개혁의 아버지라 불리는 존 하워드(John

Howard, 1726~1790)는 수감되어 있는 재소자들을 불쌍히 여겼습니다. 그는 단순히 동정심을 갖는 데서 끝낸 것이 아니라 유럽 교도소를 개혁해나가기 시작했습니다. 그는 시간과 재능, 그리고 재산까지 모든 것을 교도소 개혁에 온전히 헌신했습니다.

존 하워드는 영국과 유럽 다른 나라의 교도소를 개혁하고자 하는 열망으로 17년 동안 7회나 여행했고 영국 전역의 교도소들을 네 번이나 돌아보았습니다. 그 와중에 8만 킬로미터 이상을 이동했으며, 정부의 보조를 거절한 채 자신의 돈 3만 파운드를 그 일에 썼습니다. 수감되어 있는 사람들의 고통을 체험하기 위해 자진해서 지하 감옥에 들어가 교도소 생활을 하기도 했습니다.

알고 지내는 변호사 한 분이 있습니다. 그는 가난하고 어려운 사람들의 변론을 무료로 맡아줍니다. 사건 의뢰인의 가슴 아픈 이야기를 들으며 함께 운 것도 여러 번입니다. 택시 강도죄로 구속된 청소년의 변호를 맡은 적이 있습니다. 불우한 환경에서 할머니 혼자 키우고 있는 손자가 방황하다가 사고를 낸 것입니다.

할머니는 딸 같은 변호사를 붙들고는, 어렵게 살고 있는 자신의 처지를 호소하며 눈물을 흘렸습니다. 이야기를 듣던 변호사는 할머니를 끌어안고 함께 울었습니다. 그 가족의 아픔을 자신의 아픔이 마음 깊은 곳에 와닿은 것입니다. 이것이 다른 사람을 긍휼히 여기는 모습입니다.

긍휼히 여기는 사람은 베풀 줄 압니다.

그러나 많이 가졌기 때문에 베푸는 것이 아닙니다. 부자이기 때문에 나누는 것이 아닙니다. 마음이 더 중요합니다. 마음이 부유하면 우리도 얼마든지 나눌 수 있습니다.

최귀동 할아버지는 자기도 걸인이면서, 자신보다 더 어려운 걸인들을 위해 대신 구걸했습니다. 이렇게 해서 그들을 먹여 살리신 분입니다. 오웅진 신부님은 최귀동 할아버지에게 감동을 받아 꽃동네를 세우셨습니다.

신부님이 할아버지에게, 몸도 안 좋은데 어떻게 그 많은 걸인을 돌볼 수 있었는지 물었습니다. 그러자 할아버지는 "사람은 남을 도우며 살아야 합니다. 그러기 위해서는 여유가 있어야 하겠지요. 하지만, 그 여유라고 하는 것은 빌어먹을 힘만 있어도 생기는 법입니다" 하고 답하셨습니다.

대조적으로 오늘날 우리의 모습을 보십시오. 분명 많은 것을 갖고 있으면서도, 남을 도울 능력이 부족하다며 좀처럼 다른 사람을 돕지 않습니다.

다른 사람을 돕겠다고 하면서 그 방법을 모르는 사람도 있습니다. 도움받는 사람의 자존심을 상하게 하면서 도움을 주려고 하는 경우입니다. 가진 자의 오만으로 가지지 못한 사람의 마음을 상하게 하는 것은 선행이 아닙니다.

잠언 3장 27~28절에서는 "네 손이 선을 베풀 힘이 있거든 마땅히 받을 자에게 베풀기를 아끼지 말며 네게 있거든 이웃에게 이르기를 갔다가 다시 오라 내일 주겠노라 하지 말며"라고 가르치고 있습니다.

우리는 나눔의 삶을 살아야 합니다. 그것은 누군가에게 끊임없이 관심을 기울일 때 가능한 일입니다. 나눔은 위대한 실천이 아니라 자그만 실천에서부터 시작됩니다. 사소한 마음 씀씀이로 이웃에게 따스한 마음을 전할 수 있습니다. 때론 미소를 지어주는 것만으로 사랑을 전할 수 있습니다. 행복한 부자는 이 사실을 잘 알고 있습니다.

따뜻한 말과 미소를 나누고, 이웃과 소중한 시간을 함께하기 바랍니다. 이런 사람은 마음뿐 아니라 물질적인 것도 기꺼이 나눌 수 있습니다. 나눔은 진실된 마음에서 우러나며, 그것은 보이는 사랑입니다. 그래서 나눔의 기쁨이 없다면 사는 기쁨도 없고 나눔이 없는 세상에는 행복이 존재하지 않습니다.

성경은 나누고 베푸는 사람을 의인이라고 말합니다. 그러한 사람은 버림을 당하지 않으며, 그의 자손 또한 복을 받아 나누고 베푸는 삶을 살게 됩니다. 이것은 다른 사람을 불쌍히 여긴 사람에게 하나님께서 약속하신 복입니다.

> 내가 어려서부터 늙기까지 의인이 버림을 당하거나 그의 자손이 걸식함을 보지 못하였도다 그는 종일토록 은혜를 베풀고 꾸어주니 그의 자손이 복을 받는도다(시 37:25~26).

잠언 11장 24절과 26절은 다음과 같이 나눔으로 인한 부유함에 대해 이야기합니다.

> 흩어 구제하여도 더욱 부하게 되는 일이 있나니 과도히 아껴도 가난하게 될 뿐이니라 구제를 좋아하는 자는 풍족하여질 것이

> 요 남을 윤택하게 하는 자는 자기도 윤택하여지리라 곡식을 내놓지 아니하는 자는 백성에게 저주를 받을 것이나 파는 자는 그의 머리에 복이 임하리라.

아직도 우리 주변에는 인색한 사람이 많습니다. 자신의 부유함을 유지하기 위해 나누려고 하지 않습니다. 그들은 물질의 부유함은 소유했을지 모르지만 마음의 부유함은 갖지 못했습니다. 행복을 잃어버린 불행한 사람들입니다.

반면 자신의 것으로 다른 사람을 배부르게 하는 사람은 행복한 부자입니다. 나눔은 다른 사람을 행복하게 하며, 나에게 배가 되어 돌아옵니다. 그래서 예수님은 누가복음 6장 38절에서 이렇게 가르치셨습니다.

> 주라 그리하면 너희에게 줄 것이니 곧 후히 되어 누르고 흔들어 넘치도록 하여 너희에게 안겨주리라 너희가 헤아리는 그 헤아림으로 너희도 헤아림을 도로 받을 것이니라.

누가복음 10장에 보면 예수님이 비유로 말씀하신 강도 만난 사람의 이야기가 기록되어 있습니다. 어떤 사람이 예루살렘에서 여리고로 가다가 강도를 만났습니다. 가진 모든 것을 빼앗기고 맞아서 거의 죽을 지경이 되었습니다. 제사장이 지나가다가 그를 보았지만 피해갑니다. 레위 사람 역시 그를 보고 그냥 지나쳐버립니다. 이 두 사람은 강도 만난 사람을 불쌍하게 여기지 않았던 것입니다.

그런데 어느 사마리아 사람이 여행하다가 강도 만난 사람을 보았습니다. 그를 불쌍히 여긴 사마리아 사람은 해를 입은 그의 상처를 치료해주고 주막에 데리고 가서 돌봐줍니다. 자신은 떠나야 하기에, 주막 주인에게 돈을 주며 돌봐줄 것을 부탁하고 돈이 부족하거든 돌아오는 길에 갚겠다고 합니다.

예수님은 율법사에게 강도 만난 자의 이웃이 누구인지를 물었습니다. 율법사는 자비를 베푼 사람이라고 답합니다. 그러자 예수님은 그에게 "가서 자비를 베풀라"고 말씀하셨습니다. 우리는 모든 사람의 이웃이 되어야 합니다. 같은 이념과 사상, 또는 같은 종교를 가진 사람만이 이웃은 아닙니다. 우리는 모든 사람의 이웃이 되어 나누고 베풀어야 합니다.

오늘날 우리 주변에도 '강도 만난' 사람이 있습니다. 그들을 어떻게 대하고 있습니까? 강도 만난 사람을 보고도 그냥 지나간 제사장과 레위 사람과 같이 행동하지 마십시오. 아무런 기대와 조건 없이도 이웃과 넉넉히 나눌 수 있어야 합니다. 여행하던 사마리아 사람과 같이 그를 불쌍히 여기고 실제적 도움을 주는 이웃이 되어야 합니다. 그리고 보이지 않는 곳에서 나눔과 친절을 베풀 때, 하나님이 지켜보고 계심을 기억하길 바랍니다.

신명기 15장 7절에서 11절까지 말씀입니다.

네 하나님 여호와께서 네게 주신 땅 어느 성읍에서든지 가난한 형제가 너와 함께 거하거든 그 가난한 형제에게 네 마음을 완악하게 하지 말며 네 손을 움켜쥐지 말고 반드시 네 손을 그에게 펴서 그에게 필요한 대로 요구하는 대로 쓸 것을 넉넉히 꾸어주라. … 하나님 여호와께서 네가 하는 모든 일과 네 손이 닿는 모든 일에 네게 복을 주시리라 땅에는 언제든지 가난한 자가 그치지 아니하겠으므로 내가 네게 명령하여 이르노니 너는 반드시 네 땅 안에 네 형제 중 곤란한 자와 궁핍한 자에게 네 손을 펼지니라.

궁휼히 여기는 사람은 다른 사람을 용서합니다.

마태복음 18장에 보면 예수님께서 일곱 번뿐 아니라 일곱 번씩 일흔 번이라도 용서하라고 말씀하시며 드신 예화가 있습니다.

임금에게 1만 달란트를 빚진 종이 하나 있었습니다. 당시 유대 나라가 로마에 바치는 세금이 800달란트였으니, 유대 나라가 12년 동안 바칠 세금 만큼의 돈을 빚진 것입니다. 상상할 수 없는 엄청난 돈입니다. 그런데 그 종이 임금에게서 빚을 탕감받았습니다. 얼마나 기뻤겠습니까? 자신의 힘으로는 도저히 해결할 수 없는 문제를 깨끗이 해결받은 것입니다.

기뻐하면서 길을 지나가다가 그는 자신에게 100데나리온을 빚진 친구를 만납니다. 이 금액은 자신이 탕감받은 빚의 1만 분의 1에 불과한 것입니다. 그러나 그는 친구에게 빚을 갚으라고 요구하고는 옥에 가두기까지 합니다. 이 사실을 알게 된 왕은 분노하며 그 종을 잡아왔습니다. 그리고는 "내가 너를 불쌍히 여겼듯이 네 친구를 불쌍히 여기는 것이 마땅하지 않느냐"고 책망합니다.

우리는 용서받은 죄인입니다. 우리가 해야 할 일은 다른 사람의 과실을 용서하고 품어주는 것입니다. 예수님은 마태복음 6장

14~15절에서 "너희가 사람의 잘못을 용서하면 너희 하늘 아버지께서도 너희 잘못을 용서하시려니와 너희가 사람의 잘못을 용서하지 아니하면 너희 아버지께서도 너희 잘못을 용서하지 아니하시리라"고 말씀하셨습니다.

사람을 미워하고 분노하면, 마음이 병들게 됩니다. 병든 마음에는 행복도 기쁨도 없습니다. 요셉은 자신을 미워하고 노예로 팔기까지 했던 형들에게 복수하지 않았습니다. 충분히 복수할 수 있는 권력자의 자리에 올랐지만 그는 형들을 용서했습니다. 자신을 미워하고 노예로 팔았던 이유도 묻지 않았습니다. 오히려 극진히 대접하고 섬겼습니다. 노예로 있었던 13년 동안 미워하고 분노하는 마음을 가지고 있었다면, 요셉의 마음은 병들었을 것입니다. 그리고 큰 인물이 되지도 못했을 것입니다.

스데반 집사는 자기를 돌로 쳐 죽이는 사람들을 위해서 기도하며, 그들을 구원해달라고 했습니다. 그들을 용서하며 죽어간 것입니다. 야고보서 2장 13절은 "긍휼을 행하지 아니하는 자에게는 긍휼 없는 심판이 있으리라 긍휼은 심판을 이기고 자랑하느니라"라고 말하고 있습니다.

용서하는 사람이 행복한 사람입니다. 긍휼을 베풀어야 하나님의 긍휼을 경험할 수 있습니다. 다른 사람의 과실을 용서해야 하나님께 우리의 과실을 용서받는 은혜를 경험합니다.

내 삶에 적용해보기

1. 다른 사람이 모르게 어려운 이웃을 도와준 적이 있나요?
2. 이 세상과 하늘나라 중 어느 곳에 보물을 쌓고 있나요?
3. 구걸하는 사람의 앞을 지날 때 어떤 생각이 들었나요?
4. 다른 사람의 아픔 때문에 울어본 적이 있나요?
5. 선한 이웃이 되기 위해서 무엇을 실천할 수 있을까요?

> 마음이 청결한 자는 복이 있나니
> 그들이 하나님을 볼 것임이요
>
> 마태복음 5장 8절

팔복, 그 여섯 번째
마음이 깨끗한 사람은 행복합니다

피조물인 인간이 누릴 수 있는 가장 큰 행복은 우리를 창조하신 하나님을 만나는 일입니다. 각 사람의 마음에는 하나님을 만나기 원하는 간절한 소원함이 있을 것입니다. 하나님을 직접 대면하지는 못하더라도 그분의 음성만이라도 듣기를 원합니다.

예수님은, 마음이 청결해서 하나님을 본 사람은 행복하다고 하셨습니다. 청결하다는 것은 깨끗함을 의미하며, 헬라어로는 '카타로스'입니다. 카타로스는 더러운 옷을 빨아서 깨끗해진 상태를 말할 때 쓰는 단어입니다. 여기에서 파생된 말이 우리가 잘 아는 '카타르시스'입니다. 이 말은 현대 심리학에서 많이 쓰는 말로 상처와 분노, 그리고 미움으로 가득 찬 마음이 치유된 상태를 말합니다.

하나님을 보지 못하는 이유는, 어쩌면 우리의 마음이 더러워져서일지 모릅니다. 하나님을 믿는다고 하면서도 마음 안에 미움과 질투, 그리고 욕심이 가득 차 있으면 하나님을 볼 수 없습니다. 헌금을 많이 하고 기도를 오래 한다고 해서 하나님을 볼 수 있는 것이 아닙니다. 그것보다는 우리의 마음속에 자리 잡고 있는 상처와 분노, 그리고 미움이라는 쓰레기를 치우는 것이 더 좋은 방법입니다. 마음을 깨끗이 청소하고 나면 우리도 하나님을 볼 수 있을 것입니다.

바리새인들은 겉으로는 깨끗하고 거룩한 것처럼 보였습니다. 하지만 그들의 마음은 탐욕과 악으로 가득 차 있었습니다. 그들을 향해 예수님은 "너희 바리새인은 지금 잔과 대접의 겉은 깨끗이 하나 너희 속에는 탐욕과 악독이 가득하도다"(눅 11:39)라고 지적하셨습니다. 또한 그들을 외식하는 자들이라고도 하셨습니다. 외식(hypocrisy)이란 진실되지 않은 마음 상태를 뜻하는 말입니다.

겉보기엔 열심히 하나님을 섬겼지만 그들의 마음에는 진실함이 없었습니다. 그렇기 때문에 예수님을 눈앞에 두고도, 하나님의 아들임을 알아보지 못했습니다.

이것은 단지 예수님 당시 바리새인들만의 문제가 아니라고 생각합니다. 그리스도인이라는 이름으로 오늘을 사는 우리의 모습도 바리새인과 다를 것이 없지 않습니까? 많은 돈을 들여서 지은 교회 건물은 겉보기엔 매우 화려합니다. 웅장하고 거대한 건물 앞에 서면 위압감이 들 정도입니다. 물론 내부의 모습도 만만치 않습니다. 최고급 조명과 음향 시설을 이용해 드리는 예배는 사람들의 마음속에 거룩한 감정을 일으키기에 충분합니다.

보이는 겉모습보다 내면이 더 중요합니다.

겉으로 보이는 것에 마음을 빼앗기면, 곁에 계시는 하나님을 볼 수 없습니다. 드러나는 겉모습보다 내면의 모습이 더 중요하다는 것을 알아야 합니다. 예수님은 마태복음 5장 8절에서 마음이 깨끗한 사람이 하나님을 볼 수 있다고 말씀하셨습니다. 예수님의 제자로 살려면 화려한 외양보다 마음을 깨끗하게 하는 일에 더 관심을 가져야 합니다.

> 여호와의 산에 오를 자가 누구며 그의 거룩한 곳에 설 자가 누구인가 곧 손이 깨끗하며 마음이 청결하며 뜻을 허탄한 데에 두지 아니하며 거짓 맹세하지 아니하는 자로다 그는 여호와께 복을 받고 구원의 하나님께 의를 얻으리니(시 24:3~5).

우리는 외모를 중요하게 여기고 외모로 사람을 판단하는 시대를 살고 있습니다. 그래서 많은 사람이 자기의 내면을 돌아보기보다는 외면을 가꾸고 단장하는 데 많은 시간을 할애합니다. 그러나 하나님은 우리의 외모를 보고 판단하시지 않습니다. 대신 우리 마음을 보십니다.

하나님을 볼 수 있는 사람은 마음이 깨끗한 사람입니다. 여기서 말하는 마음은 감정이 아닌 인격의 중심을 뜻합니다. 앞서 말했듯 마음은 사람의 성품과 인격을 담고 있는 그릇이기도 합니다. 마음을 청소하는 데 있어 나의 의지와 노력도 중요하지만, 하나님께서 도와주셔야 합니다. 그래서 예수님은 우리에게 새롭게 태어나야 한다고 말씀하셨습니다. 요한복음 3장 3~5절의 말씀을 살펴봅시다.

> 예수께서 대답하여 이르시되 진실로 진실로 네게 이르노니 사람이 거듭나지 아니하면 하나님의 나라를 볼 수 없느니라 니고데모가 이르되 사람이 늙으면 어떻게 날 수 있사옵나이까 두 번째 모태에 들어갔다가 날 수 있사옵나이까 예수께서 대답하시되 진실로 진실로 네게 이르노니 사람이 물과 성령으로 나지 아니하면 하나님의 나라에 들어갈 수 없느니라.

하나님의 도우심으로 마음이 깨끗하게 될 때 우리는 그분을 볼 수 있습니다. 진실로 마음이 깨끗해지기를 원한다면, 간절히 하나님의 도우심을 구하기 바랍니다. 하나님만이 우리의 마음을 깨끗이 청소해주실 수 있습니다.

무엇보다 자기의 마음이 더러워져 있음을 깨닫는 것이 중요합니다. 그리고 깨끗해지고자 하는 의지와 함께, 자신의 힘으로는 부족하다는 것을 인정해야 합니다. 하나님의 도우심으로 마음 안에 있는 미움과 욕심, 그리고 분노를 버리기 바랍니다. 그래야 날마다 새롭게 태어나게 되며, 우리의 마음을 통해 하나님을 볼 수 있습니다. 이것이 진정 행복하게 사는 길입니다.

마음의 청결 상태는 어떻게 알 수 있을까요?

말은 생각을 담는 그릇입니다. 그래서 자기 마음속에 있던 생각이 밖으로 나타납니다. 마음이 평안하고 깨끗하면, 당연히 말도 평안하고 깨끗하게 나오게 마련입니다. 그러므로 사람이 어떤 말을 하는지 들어보면 그의 마음 상태를 알 수 있습니다.

지금 자신의 마음 상태를 알고 싶다면 자신의 언어생활을 점검해봐야 합니다. 원망과 분노의 말, 그리고 불평과 미움의 말이 습관처럼 나온다면 마음은 이미 버려야 할 쓰레기로 가득 차 있다는 뜻입니다.

> 선한 사람은 마음에 쌓은 선에서 선을 내고 악한 자는 그 쌓은 악에서 악을 내나니 이는 마음에 가득한 것을 입으로 말함이니라(눅 6:45).

마음에 쌓여 있던 생각은, 어느 날 입 밖으로 나와 정체를 드러냅니다. 착한 생각을 마음에 쌓은 사람은 착한 말을 하고, 추한 것으로 마음을 채운 사람은 더러운 말을 할 수밖에 없습니다. 어떻게 보면 자연스러운 결과입니다. 종종 우리는 말로 사람에게 상처를 줍니다. 상대방을 아프게 해놓고는, 속마음은 그게 아니었다고 말합니다. 이것은 틀린 말입니다. 자신의 잘못을 합리화하기 위한 거짓말에 불과합니다.

오늘도 누군가를 정죄하고 판단하는 말을 하지는 않았습니까? 그로 인해 다른 사람을 아프게 하지는 않았는지 생각해보시기 바랍니다. 만약 그랬다면 자신의 마음이 더려워져 있음을 인정해야 합니다.

이제 마음을 청소하여 깨끗하게 만들겠다고 결심하십시오. 하나님께서는 더러워진 우리의 마음을 깨끗하게 만드시기를 원하십니다. 하나님의 도우심을 구하시기 바랍니다.

또 새 영을 너희 속에 두고 새 마음을 너희에게 주되 너희 육신에서 굳은 마음을 제거하고 부드러운 마음을 줄 것이며(겔 36:26).

우리는 하나님과 가까이 있기를 소원해야 합니다. 늘 하나님을 묵상하며 살아야 합니다. 그것은 하나님을 닮아가는 방법이기도 하고, 자신의 마음을 깨끗하게 하는 방법이기도 합니다.

> 하나님을 가까이 하라 그리하면 너희를 가까이 하시리라 죄인들아 손을 깨끗이 하라 두 마음을 품은 자들아 마음을 성결하게 하라(약 4:8).

또한 성경은 마음을 깨끗하게 하는 것을 마음에 할례를 행한다는 말로 표현하고 있습니다.

> 네 하나님 여호와께서 네 마음과 네 자손의 마음에 할례를 베푸사 너로 마음을 다하며 뜻을 다하여 네 하나님 여호와를 사랑하게 하사 너로 생명을 얻게 하실 것이며(신 30:6).

하나님을 사랑하는 사람의 마음에는 미움과 판단이 거할 수 없습니다. 하나님께 당신의 마음을 드리고 마음을 다스려주시기를 기도하시기 바랍니다. 그렇게 할 때 마음의 변화가 일어납니다.

마음이 깨끗한 사람은
하나님의 형상을 봅니다.

사람들은 하나님을 체험하기 위해 '은혜로운' 집회와 장소를 찾아다닙니다. 큰 소리로 기도하며 매달려보기도 하고, 특정한 은사를 가진 사람들의 기도를 받는 등 여러 가지 노력을 합니다. 그러나 깊은 산속에 있는 기도원에서만 하나님을 만나는 것은 아닙니다. 일부러 찾아다니지 않아도 하나님을 만날 수 있습니다.

지금 당신의 옆에 있는 사람을 바라보길 바랍니다. 그들을 통해 하나님을 볼 수 있습니다. 무슨 이상한 소리를 하고 있느냐고 반문할지도 모르겠습니다. 그러나 사실입니다. 우리 모두는 하나님의 형상대로 지음받은 창조물이기 때문에 모든 사람은 하나님의 모습을 지니고 있습니다.

> 하나님이 자기 형상 곧 하나님의 형상대로 사람을 창조하시되 남자와 여자를 창조하시고(창 1:27).

사람의 모습 속에는 하나님의 형상이 있습니다. 우리가 교회에서 즐겨 부르는 복음성가 중에 "형제의 모습 속에 보이는 하나님

형상 아름다워라. 존귀한 주의 자녀 됐으니 사랑하며 섬기리"라는 노래 가사가 있습니다. 늘 함께하는 주변 사람에게서 하나님의 모습을 발견할 수 있다는 것입니다.

그러나 "형제의 모습 속에 보이는 하나님의 형상이 아름답다"는 노랫말처럼 실제로 다른 사람의 모습에서 하나님의 형상을 발견하기는 그렇게 쉽지 않습니다. 그리고 사람이 하나님의 형상으로 지음받았다는 것을 알면서도, 삶에서 그것을 인정하기는 쉽지 않습니다.

다른 사람에게 배워서 얻는 것보다는, 몸소 경험한 것이 더 참된 지식입니다. 그리고 머리로 아는 것보다 마음으로 아는 것이 더 실제적입니다. 상투적으로 불렀던 찬양의 가사가 우리의 삶 속에 드러나도록 구체적인 실천이 필요할 것입니다.

하나님께서 어떤 사람은 하나님의 모습대로 짓고, 어떤 사람은 마귀의 모습으로 만들지 않으셨습니다. 우리 모두는 하나님의 형상대로 창조된 존귀한 피조물입니다. 그런데도 주변 사람에게서 하나님의 모습을 보는 대신 그들이 가진 문제와 단점을 볼 때가 많습니다. 왜냐하면 우리의 마음이 병들어 있거나 더러워져 있기 때문입니다.

어떤 경우에는 자기의 가족조차도 원수로 여기며 미워합니다. 심지어 살인까지 벌어지는 경우도 있습니다. 그러나 살인은 어떤 경우에도 정당화될 수 없습니다. 증오감을 갖고 사람을 죽이는 것은 그 안에 계신 하나님을 죽이려는 것과 다름없습니다.

> 다른 사람의 피를 흘리면 그 사람의 피도 흘릴 것이니 이는 하나님이 자기 형상대로 사람을 지으셨음이니라(창 9:6).

어떤 사람은 자기를 비난하는 사람에게 '마귀의 자식'이라고 욕하기도 합니다. 저주하기를 주저하지 않고 온갖 더러운 말로 사람에게 상처를 입히기도 합니다.

> 이것으로 우리가 주 아버지를 찬송하고 또 이것으로 하나님의 형상대로 지음을 받은 사람을 저주하나니(약 3:9).

하나님의 형상을 지닌 사람을 저주하는 것은 합당하지 않습니다. 다른 사람을 상하게 하거나 아프게 해서는 안 됩니다. 마음 안에 어떠한 것이 있길래 그런 말이 나오는지 스스로 점검해보아야 합니다. 마음이 병들고 더러워진 사람의 입에서는 미움과 저주의 말이 나올 수밖에 없습니다.

내가 싫어하고 미워하는 사람도, 나에게 잘못을 저지른 원수도 모두 하나님의 모습대로 지음받은 그분의 귀한 자녀입니다. 다툼과 갈등이 생겼다면 상대방에게서 원인을 찾지 말고 먼저 자신의 마음을 돌아봐야 합니다. 예수님으로 인해 마음이 깨끗해진 사람은, 어떤 사람을 봐도 하나님의 아름다움과 존귀함을 발견할 수 있습니다.

가인은 마음이 병든 사람이었습니다. 그는 하나님께서 자신의 제물은 받지 않으시고 동생 아벨의 제물만 받으시자, 몹시 분하게 생각했습니다. 온전히 하나님을 예배하는 자기 아우를 보며 질투심을 느낀 것입니다. 가인은 아벨에게서 하나님의 모습을 발견하기는커녕 완악한 마음을 품었고, 시기와 질투로 불탔습니다. 결국 이 때문에 가인은 아벨을 죽였습니다. 시기의 마음이 살인까지 불러왔습니다.

사울 왕 역시 질투심으로 인해 다윗을 죽이려고 했습니다. 정결한 믿음으로 하나님을 섬기는 다윗을 보며 불안감을 가졌던 것입니다. 그는 자신의 왕좌 유지에 대해 불안감을 느꼈습니다. 사울은 하나님의 기름부으심을 받은 다윗에게서 하나님의 모습을 발견하지 못했습니다. 오히려 그를 없애기 위해 혈안이 되어 있었습니다. 마음에 미움의 때가 끼면 죄를 짓게 됩니다. 마음이 질투로 가득 차 있으면 사람을 상하게 하고 죽음에까지 이르게 할 수 있습니다. 마음이 죄악으로 가득 찬 사람에게 필요한 것은 '마음의 할례'가 필요합니다.

마음이 깨끗한 사람은 삶에서 하나님을 만납니다.

마음이 깨끗한 사람은 매일의 삶 속에서 하나님을 만날 수 있습니다. 하나님은 어떤 방법으로 우리에게 찾아오실까요? 화려한 옷을 입은 부자의 모습으로, 또는 거룩한 성직자의 모습으로 찾아오시지 않습니다.

하나님께서는 도움이 필요한 사람, 또는 가난한 이웃의 모습으로 우리에게 찾아오십니다. 그래서 이런 사람을 그저 불쌍하게만 여겨서는 안 됩니다. 그들을 우리에게 찾아오신 하나님으로 여기고, 그 마음으로 섬겨야 합니다.

> 내가 주릴 때에 너희가 먹을 것을 주었고 목마를 때에 마시게 하였고 나그네 되었을 때에 영접하였고 헐벗었을 때에 옷을 입혔고 병들었을 때에 돌보았고 옥에 갇혔을 때에 와서 보았느니라 이에 의인들이 대답하여 이르되 주여 우리가 어느 때에 주께서 주리신 것을 보고 음식을 대접하였으며 목마르신 것을 보고 마시게 하였나이까. … 이르시되 내가 진실로 너희에게 이르노니 너희가 여기 내 형제 중에 지극히 작은 자 하나에게 한 것이 곧 내게 한 것이니라 하시고(마 25:35~40).

일전에 한 집사님이 운영하는 치과에 치료받으러 간 적이 있습니다. 진료 순서를 기다리고 있는데, 남루한 옷차림의 할머니가 중학교 1학년 정도 되는 남자 아이와 함께 들어왔습니다. 아이는 누구와 싸웠는지 앞니 두 개가 깨져 있었습니다.

할머니는 부모가 없는 아이를 거두어 친손자처럼 키우고 있다고 했습니다. 그리고 형편이 어려우니 싸게 치료해줄 수 없느냐고 물었습니다. 치과 선생님은 잠시 고민하더니, 비용이 많이 나올 것 같으니 다른 병원으로 갈 것을 권유했습니다. 그들은 다른 병원을 찾아 나섰습니다.

톨스토이의 작품 중에 〈사랑이 있는 곳에 하나님이 있다〉라는 단편소설이 있습니다. 주인공은 '마틴'이라는 구두 수선공입니다. 어느 날 그는 "너를 찾아가겠다"는 하나님의 음성을 듣습니다. 마틴은 그 음성을 듣고 기뻐하며 온종일 하나님께서 찾아오시기를 기다렸습니다. 그런데 시간이 지나도 기다리던 하나님은 오시지 않고, 도움이 필요한 사람들만 계속 찾아옵니다.

마틴은 도움이 필요한 그들을 거절하지 않았습니다. 추위에 떠는 사람을 위해 따뜻한 차를 대접하고, 필요한 물건을 나누어주었습니다. 저녁이 지나도록 하나님께서는 오시지 않았습니다. 그런데 실망하고 있던 마틴에게 하나님의 음성이 들렸습니다.

"나에게 잘 대해줘서 고맙구나."

하나님은 가난하고 불쌍한 사람의 모습으로 마틴의 가게에 찾아오셨던 것입니다. 가난한 이웃을 외면하지 않았던 마틴은 결국 하나님을 잘 대접해드린 셈입니다.

하나님께서는 우리에게 화려하거나 특별한 모습으로 나타나시지 않습니다. 대신 삶의 곳곳에서 평범한 모습으로, 때로는 정말 볼품없는 모습으로 찾아오십니다. 그렇다면 우리는 어떻게 살아야 할까요? 톨스토이의 소설에서처럼 하나님의 예고를 듣게 된다면 좀 낫겠지만, 만약 그렇지 않다면 평소의 모습 그대로를 보이게 될 것입니다.

예수님을 따르는 제자는 모든 사람을 하나님 대하듯 사랑하고 존중해야 합니다. 그것이 진정한 행복을 누리는 길입니다.

고(故) 장기려 박사님은 한국교회가 자랑할 만한 훌륭한 의사이자 예수님의 제자였습니다. 서울대학교 의과대학을 수석 졸업한 그는 한국전쟁 때부터 시작해 평생 동안 가난한 사람들을 위해 헌신했습니다. 돈 없는 환자를 무료로 진료해주는 것은 물론 물심양면으로 그들을 도왔습니다.

한번은 손에 다이아몬드를 낀 여자를 진료해주었는데, 치료를 다 받고 나서 그녀는 돈이 없다고 했습니다. 그러자 장 박사님은 돈이 없으면 그냥 가셔도 좋다고 했습니다. 여자가 돌아간 후, 옆에 있던 간호사들이 물었습니다. "다이아몬드 반지까지 낀 사람을 왜 그냥 보내셨어요?" 그러자 장 박사님은 "물론 나도 봤지요. 하지만 돈이 없다고 하니 믿어주어야지요" 하며 웃으셨습니다.

장 박사님의 제자들에게 직접 들은 이야기입니다. 한번은 시장에 가셔서 5,000원짜리 바지를 골라서 계산하는데, 주인이 "손해 보고 파는 거예요" 하더랍니다. 그러자 이 말을 들은 장 박사님은 손해를 보면서까지 팔면 안 된다고 하시면서 주인에게 돈을 더 주었다는 것입니다. 참으로 순진하고 순수한, 마음이 깨끗한 하나님의 사람이었습니다.

하나님을 만나기 원하거든 그분이 가난한 자, 소외된 자의 모습으로 우리에게 찾아오신다는 것을 기억하시기 바랍니다. 늘 이 사실을 마음에 새기고 사람들을 대하십시오.

마음이 깨끗한 사람은 예수님을 닮아갑니다.

부부가 오랫동안 같이 살면 서로 닮아갑니다. 얼굴뿐만 아니라 성격도 닮아가는 경향이 있습니다. 늘 함께하며 서로를 바라보기 때문입니다.

한편 미운 사람을 생각하면 우리의 마음까지 미워집니다. 청소년 시절, 아버지를 미워했던 나는 아버지의 잘못된 행동에 대해서 생각하며 분노했습니다. 그런데 내가 문제 있는 아버지의 모습을 점점 닮아가고 있었습니다. 싫어하는 모습까지 닮게 되는 것입니다.

이것을 '바라봄의 법칙'이라고 말할 수 있습니다. 아기를 가진 어머니는 열 달 동안 좋은 것만 보려고 노력합니다. 그것이 태아에게 좋은 영향을 준다는 것을 잘 알고 있기 때문입니다. 우리의 성품과 마음은 바라보고 생각하는 것을 닮아갑니다.

> 너희 안에 이 마음을 품으라 곧 그리스도 예수의 마음이니 그는 근본 하나님의 본체시나 하나님과 동등됨을 취할 것으로 여기지 아니하시고 오히려 자기를 비워 종의 형체를 가지사 사람들과 같이 되셨고 사람의 모양으로 나타나사 자기를 낮추시고 죽기까지 복종하셨으니 곧 십자가에 죽으심이라(빌 2:5~8).

깨끗한 마음은 예수님을 닮은 마음입니다. 예수님의 마음을 닮기를 원하십니까? 그렇다면 날마다 예수님의 말씀과 성품을 묵상해야 합니다. 날마다 말씀을 읽으며 말씀으로 마음을 채우도록 노력하십시오.

> 복 있는 사람은 악인들의 꾀를 따르지 아니하며 죄인들의 길에 서지 아니하며 오만한 자들의 자리에 앉지 아니하고 오직 여호와의 율법을 즐거워하여 그의 율법을 주야로 묵상하는도다 그

는 시냇가에 심은 나무가 철을 따라 열매를 맺으며 그 잎사귀가 마르지 아니함 같으니 그가 하는 모든 일이 다 형통하리로다(시 1:1~3).

또한 날마다 성령의 도우심을 구해야 합니다. 성령이 우리를 도와주시면 우리 안에 사랑과 희락과 자비, 충성과 온유, 그리고 절제와 같은 성령의 열매가 맺히기 시작합니다. 성령의 열매는 곧 예수님의 성품이며 예수님의 마음입니다. 이러한 마음을 가진 사람이 행복한 사람입니다.

내 삶에 적용해보기

1. 우리가 하나님을 볼 수 없는 이유는 무엇일까요?
2. 겉모습과 내면 중 어느 곳에 더 마음을 쏟고 있나요?
3. 언어생활로 비추어 볼 때, 당신의 마음에는 무엇이 가득한가요?
4. 주변 사람의 모습에서 하나님의 형상을 본 적이 있나요?
5. 깨끗한 마음을 가지기 위해서는 어떻게 해야 할까요?

화평하게 하는 자는 복이 있나니
그들이 하나님의 아들이라 일컬음을 받을 것임이요

마태복음 5장 9절

화평하게 하는 사람은 행복합니다

팔복, 그 일곱 번째

      화평은 히브리어로 '샬롬'입니다. 샬롬은 이스라엘 사람들이 거의 매일 주고 받는 일상적인 인사말입니다. 이 단어는 전쟁이 없는 평화로운 상태를 말합니다.

  이스라엘은 강대국에 둘러싸여서 전쟁이 많았던 나라였기 때문에 그들이 간절히 소원했던 것은 전쟁이 없는 평화 상태였습니다. 그래서 그들은 만나면 '평화'라는 뜻의 '샬롬'으로 인사를 주고받았습니다. 당신의 삶 속에 하나님의 평안이 있기를 원한다는 뜻입니다. 인사를 받는 상대방에게 하나님의 평화와 행복을 빌어주는 것입니다. 다른 사람에게 평화를 전해주는 사람은 행복한 사람입니다. 그들은 자신의 행복을 다른 사람에게 나누어주는 하나님의 사람자녀입니다.

일전에 어느 교회에서 할머니 한 분이 3만 원이 들어 있는 봉투 하나를 주셨습니다. 그러면서 가난한 학생들을 돕는 데 써달라고 부탁하셨습니다. 일흔이 넘으신 그 할머니는 길거리에서 폐휴지를 주워다 파시며 생계를 유지하는 분이었습니다. 당신도 살기 힘드실 텐데, 더 어려운 학생들을 도와주라며 큰 돈을 주신 것입니다.

폐휴지를 주워 팔아서 수익이 얼마나 되겠습니까? 이런 상황에서 나 아닌 다른 사람을 위해 베푼다는 것은 쉬운 일이 아닙니다. 돈 봉투를 받고 감사의 인사를 전하자, 할머니의 얼굴에는 수줍은 미소가 가득했습니다. 아주 행복해 보이셨습니다.

만약 누군가 거리에서 폐휴지를 줍는 그 할머니를 보았다면 가엾은 분이라고 생각했을 것입니다. 그러나 그것은 단편적인 모습일 뿐입니다. 할머니는 세상에서 가장 행복한 사람입니다. 나눔을 통하여 다른 사람을 행복하게 할 수 있기 때문입니다.

어떤 사람은 내가 가진 것이 없는데 어떻게 다른 사람과 나누느냐고, 내가 행복하지 않은데 어떻게 남을 행복하게 해줄 수 있느냐고 묻습니다. 많이 가져야 나눌 수 있는 것은 아닙니다. 아무리 가난하게 살아도 마음 한구석에 작은 여유만 있으면 얼마든지 나누고 베풀 수 있습니다. 나눔은 자신뿐만 아니라 모든 사람을 행복하게 할 수 있는 배려의 한 방법입니다.

'나눔'은 시장 경제학으로는 마이너스이지만 하나님 나라 경제학으로는 오히려 플러스입니다. 베푸는 사람은 더 큰 부유함와 풍성함을 얻을 수 있기 때문입니다. 이것은 더 많은 물질과 권력이 아닌, 바로 행복입니다.

행복은 소유의 많고 적음에 있는 것이 아니라 베풂과 나눔을 통하여 하늘이 주시는 선물입니다. 그래서 나누고 베푸는 삶을 통해 남을 행복하게 하는 사람은 자기에게 주어진 모든 것에 감사합니다. 이것이 예수님을 따르는 제자들이 추구해야 할 참된 삶입니다.

어떤 사람은 하나님의 특별한 은혜를 받아야 나눔의 삶을 살 수 있다고 생각합니다. 그러나 실제로는, 나눔의 삶을 살기 시작할 때 은혜를 받을 수 있습니다. 이 땅에서 진정한 행복을 누리기 원한다면, 먼저 나누고 베풀며 사랑을 실천해야 합니다.

콩 한쪽을 가진 사람이 배고픈 사람을 외면하고 그것을 혼자다 먹으면 잠시 동안은 허기를 면할지 모릅니다. 그러나 얼마 있으면 다시 배고픔을 느끼게 됩니다. 진정한 행복은 내가 콩 한쪽을 다 먹는 데서 생기지 않습니다.

그러나 가진 것을 반으로 나누어 배고픈 다른 사람과 나누어 먹으면, 배는 덜 부르더라도 다른 사람을 배부르게 했다는 행복감을 소유하게 됩니다. 콩 반쪽을 먹어도 행복해할 수 있는 것이 진정한 행복입니다. 이런 사람은 세상을 화평하게 하는 하나님의 자녀입니다.

화평하게 하는 사람은 자기를 희생합니다.

예수님께서는 온전한 희생을 통해서 우리를 구원하셨습니다. 우리의 행복을 위해서 그분이 고난당하시고 죽으신 것입니다.

> 그가 찔림은 우리의 허물 때문이요 그가 상함은 우리의 죄악 때문이라 그가 징계를 받으므로 우리는 평화를 누리고 그가 채찍에 맞으므로 우리는 나음을 받았도다(사 53:5).

예수님께서 징계를 받으심으로 우리가 평화를 누리고 있습니다. 누군가의 희생과 손해 없이는 다른 사람에게 행복과 평화를 줄 수 없습니다. 만약 하나님의 자녀로서 사람들에게 평화와 행복을 주는 삶을 원한다면 희생하고 손해 보는 것을 훈련해야 합니다. 시간과 물질을 희생하는 것을 배워야 합니다.

분열과 다툼, 그리고 전쟁이 일어나는 이유는 손해 보려고 하는 사람이 없기 때문입니다. 상대가 누구이든 상관하지 않고 나누고 베풀어준다면, 미움과 다툼은 모두 사라질 것입니다.

이 시대는 나의 행복과 평화를 위해 다른 사람의 희생과 포기를 강요하고 있습니다. 모든 사람이 더불어 행복하지 않습니다. 사람들이 다른 사람을 불행하면서까지 자기의 행복을 추구하기 때문입니다.

최근 중국의 멜라민 파동으로 전 세계가 충격을 받았습니다. 멜라민은 음식물에 넣지 말아야 할 유기화학 물질입니다. 그런데 젖소를 키우는 농민들이 물에 희석한 우유의 단백질 함량이 높게 측정되도록 질소 성분이 많은 멜라민을 사용한 것입니다. 이것을 알고도 관련 업자들은 멜라민을 판매했고, 대기업 또한 이 우유로 분유와 과자를 만들었습니다. 그리고 자국에서뿐만 아니라 전

세계로까지 수출했습니다. 멜라민 성분이 첨가된 분유를 먹은 아이들 여러 명이 사망했고, 중국에서만 5만 명이 넘는 아이들이 신장결석에 걸리고 말았습니다.

돈에 대한 욕심으로 인해 끔찍한 일이 벌어졌습니다. 자신의 행복을 위해 다른 사람의 행복할 권리를 무시해버렸습니다. 이미 가질 만큼 가진 사람들이 더 많은 수입을 얻기 위해 사람의 생명을 위협하고 있습니다. 이것은 단지 중국의 문제만이 아닙니다.

지금 전 세계가 경제적인 어려움을 호소하고 있습니다. 그러나 이것은 어찌 보면 '가진 자들'의 문제일 뿐입니다. 주택담보 대출로 인한 금융 위기 등의 문제는 사실, 사람의 욕심으로 인해 생긴 문제입니다. 이러한 문제는, 기아와 싸우고 있는 빈곤한 나라의 사람들에게는 먼 나라 이야기일 뿐입니다.

지금도 10세 미만의 아동이 5초에 한 명씩 죽어가고 있습니다. 비타민A의 부족으로 시력을 상실하는 사람이 3분에 한 명이라고 합니다. 세계 인구의 7분의 1에 이르는 8억 5,000만 명이 영양실조에 시달리고 있고 아프리카 인구의 36퍼센트가 굶주림에 시달리고 있습니다. 이들에게 큰 욕심은 없습니다. 하루 먹을 양식만 있어도 감사할 뿐입니다. 그러나 오히려 가진 것 많은 사람이 욕심을 부립니다. 나만 행복하게 살겠다는 이기심이 많은 사람을 불행하게 만들고 있습니다.

  오늘날 기근으로 고통받고 있는 아프리카는 원래부터 기근에 시달리는 땅이 아니었습니다. 강대국들의 식민지 정책으로 인해 황폐화된 것입니다. 20세기 전반까지 유럽 각국은 아프리카 대륙과 아시아 여러 나라를 점령했습니다. 그리고 주민들을 강제 동원하여 대규모 농장에서 면화와 차, 코코아 등의 상품작물을 집중적으로 재배시켰습니다. 이전까지만 해도 아프리카의 농민과 목축업자들은 자신들이 소비하는 것은 물론, 국가 권력자에게 세금을 내고도 남을 만한 식량을 생산했습니다.

  그런데 유럽의 소비자들이 원하는 작물을 재배하도록 강요한 것입니다. 예를 들어 프랑스의 식민지였던 차드에서는 면화를 재배하게 했고 가나에서는 영국의 초콜릿 제조에 필요한 카카오를 생산하게 했습니다. 또 부룬디와 르완다에서는 차 농사를 짓게 했습니다. 문제는 독립한 이후 정부가 국민들이 필요로 하는 작물을 재배하지 못하게 했다는 사실입니다.

  프랑스의 식민지였던 세네갈은 땅콩 농사를 지어 아주 싼 가격으로 유럽에 수출합니다. 세네갈은 얼마든지 식량을 자급할 수 있는 나라인데도, 비싼 가격에 쌀을 수입하고 있습니다. 하지만 고위 공직자들은 이러한 문제에 관심이 없습니다. 오히려 식량 수입의 독점권을 가지고서 막대한 재산을 모으고 있습니다. 자신의 행복을 위해 다수의 불행을 방치하는 사람들입니다.

한편 우리나라에서는 부동산 투기 문제가 심각합니다. 집과 땅이 거주 목적이 아니라 투기 목적으로 매매되고 있습니다. 집을 여러 채 가진 부자들의 투기 바람에, 서민들이 집을 사기에 엄두도 낼 수 없을 정도로 집값이 올랐습니다. 월세방 또는 전셋집을 벗어나는 것이 인생의 큰 소망인 사람들이 많이 있습니다. 일부 부유층의 욕심으로 인해 많은 사람이 희생하고 있습니다.

한 여중생이 부모에게 받은 휴대전화 구입비를 불우이웃돕기 성금으로 기탁했다는 기사가 신문에 실렸습니다. 이 여학생은 성적을 받았다고 아버지께 40여만 원의 용돈을 받았습니다. 오래 전부터 갖고 싶었던 최신형 휴대전화를 구입할 수 있는 충분한 돈이었습니다.

하지만 돈을 받은 학생은 평소 어려운 이웃을 생각하라고 하신 어머니의 말씀을 기억하고, 주저 없이 전액을 신문사에 기탁한 것입니다. 비록 갖고 싶었던 물건을 손에 넣지 못했지만, 덕분에 여러 사람이 행복해졌습니다.

   하나님의 자녀라면, 그리고 예수님의 제자라면 이렇게 살아야 합니다. 그것이 우리가 누려야 할 하늘의 행복입니다. 내가 붙잡은 행복을 놓치지 않으려고 안간힘을 쓰는 대신 그것을 필요한 사람과 나누십시오. 그럴 때 또 다른 행복이 나에게 찾아오게 됩니다.

> 우리 주 예수 그리스도의 은혜를 너희가 알거니와 부요하신 이로서 너희를 위하여 가난하게 되심은 그의 가난함으로 말미암아 너희를 부요하게 하려 하심이라(고후 8:9).

화평하게 하는 사람은 나누는 삶을 삽니다.

골프 천재 타이거 우즈는 어렸을 때부터 나누고 베푸는 삶을 시작했습니다. 다섯 살 때 그는 아버지와 함께 TV를 보고 있었습니다. 에티오피아 난민 어린이들의 비참한 실상이 방영되고 있었는데, 그들의 가난과 고통을 목격한 우즈는 눈물을 흘렸습니다.

이때 아버지는 자신의 친구가 저들을 위해 일하는 의사라고 말해주었습니다. 그러자 우즈는 자기 방에 있던 저금통을 들고 와서는 아버지의 친구에게 그것을 보내달라고 했습니다. 그 돈으로 배고픈 아이들에게 빵을 사주었으면 좋겠다는 것입니다. 이후로 그는 어려운 사람들을 돕는 사람이 되겠다고 결심합니다.

지금도 우즈는 수입을 꼭 3등분합니다. 3분의 1은 자기가 쓰고, 3분의 1은 미래를 위해 저축하고, 나머지 3분의 1은 나누고 베푸는 일에 사용하는 것입니다. 그는 "나는 골프를 좋아합니다. 더 좋은 것은 내가 좋아하는 골프를 통해 돈을 버는 것입니다. 그리고 가장 행복한 것은 그렇게 번 돈을 가지고 남을 도울 수 있다는 것입니다"라고 말합니다.

자신의 전 재산의 95퍼센트인 500억 달러(50조 원)를 기증한 빌 게이츠와 85퍼센트인 370억 달러(약 37조 원)를 사회에 환원하겠다고 밝힌 워렌 버핏의 자선활동을 보며 진한 감동을 받습니다. 이들의 기증한 돈은 빈곤 국가의 질병과 기아 문제, 교육문제를 해결하는 데 쓰인다고 합니다.

자기 희생을 배울 수 있는 가장 좋은 방법은 나누고 베푸는 것입니다. 나눔과 베풂을 통해 다른 사람에게 '샬롬'을 보내주는 것입니다. 말로만의 '샬롬'이 아니라 실제 행복을 선물로 줄 수 있는 방법입니다.

화평하게 하는 사람은 평화의 도구입니다.

화평케 하는 자는 '피스메이커(Peace Maker)' 즉 평화를 만드는 사람입니다. '샬롬'의 반대말은 히브리어로 '쉐다'이며, 쪼개진 상태를 말합니다.

주위를 보면 관계를 깨뜨리고 공동체를 분열시키며, 사람의 마음을 상하게 하는 사람이 종종 있습니다. 자기 혼자만의 행복과 평화를 지키기 위해 다른 사람을 다치게 하는 것입니다. 그런 사람들로 인해 세상의 평화가 사라지고 사람들의 마음속에는 행복이 사라져가고 있습니다. 분열과 다툼의 세상에서 평화의 다리를 만들고 사람과 사람 사이에 막힌 담을 허무는 사람이 되십시오.

하나님과 인간의 관계가 죄로 인해 깨졌습니다. 그리고 예수님이 오셔서 인간과 하나님과의 관계를 회복시켜주셨습니다. 우리도 예수님의 삶을 따라야 합니다. 세상을 행복하게 만들기 위해 희생할 줄 아는, 평화를 만드는 사람이 되어야 합니다.

가정에 아픔과 상처가 있습니까? 그렇다면 도망가지 말고 분열이 있는 가정에서 평화를 만들어야 합니다. 다툼과 미움으로 가득 차 있는 가정이라 해도 행복을 위해 기도하고 노력하는 사람이 있다면 그곳은 행복과 평화의 공동체로 바뀔 수 있습니다.

다음은 성 프란체스코의 〈평화의 기도〉입니다.

오. 주님. 저를 평화의 도구로 써주소서
미움이 있는 곳에 사랑을
다툼이 있는 곳에 용서를
분열이 있는 곳에 일치를
의혹이 있는 곳에 믿음을
그릇됨이 있는 곳에 진리를
절망이 있는 곳에 희망을
어두움이 있는 곳에 빛을
슬픔이 있는 곳에 기쁨을 가져오는 자 되게 하소서
오. 거룩하신 주님
위로받기보다는 위로하고
이해받기보다는 이해하며

사랑받기보다는 사랑하도록 도와주소서
우리는 줌으로써 받고
용서함으로써 용서받으며
죽음으로써 영생을 얻기 때문입니다.

예수님을 따르는 제자들로 인해 미움 가득한 세상이 평화롭고 행복해져야 합니다. 평화의 도구가 되기를 소원하며 모든 사람의 행복을 위해 기도하기 바랍니다.

내 삶에 적용해보기

1. 가난과 질병으로 고통받는 사람들을 어떻게 도울 수 있을까요?
2. 한 사람의 희생으로 인해 여러 사람이 행복할 수 있을까요?
3. 화평하게 하는 사람의 특징은 무엇인가요?
4. 당신은 어느 곳에서 '피스 메이커'인가요?
5. 〈평화의 기도〉를 읽고 자신만의 기도문을 작성해보세요.

의를 위하여 박해를 받은 자는 복이 있나니
천국이 그들의 것임이라

마태복음 5장 10절

의를 위하여 박해받는 사람은 행복합니다

　　　　　　다른 부모들이 학교에 가서 "우리 아이 잘 부탁드립니다" 하며 촌지를 전할 때, 혼자서 그런 관행을 거부하면 자식이 어려움을 당할 수도 있는 것이 우리의 현실입니다. 관행적으로 이뤄지는 뇌물수수와 탈세 등을 하지 않으면 사업하는 데 어려움이 생길 수도 있습니다.

　많은 사람이 저지르는 잘못을 똑같이 하지 않으면 주변으로부터 왕따당하고 힘들어질 수 있습니다. 이런 악한 세상에서 하나님의 뜻대로 행동하는 사람은 바보같이 보일 수 있습니다. 어쩌면 어리석게 사는 것처럼 보일 것입니다.

남들은 다 침묵하고 있는데 혼자 "저건 아니야, 잘못됐어"라고 외치는 일은 결코 쉬운 일이 아닙니다. 그러다 핍박을 당할 수도 있고 곤란한 일을 당할 수도 있습니다. 그런데 그렇게 사는 것이 과연 불행한 일일까요?

예수님은 의를 위하여 핍박받는 사람은 행복하고 천국은 이러한 자의 것이라고 말씀합니다. 하늘나라의 기준을 가지고 사는 사람이 하늘나라의 시민입니다. 천국은 이러한 사람의 것입니다. 예수님은 의를 행하고 말함으로 인해 욕을 먹고 핍박을 당하면 기뻐하고 즐거워하라고 하셨습니다. 그러한 사람들에게 하늘의 상이 크다는 것도 알려주셨습니다. 불의와 타협하며 사는 사람이 행복한 것이 아니라 불의와 싸우는 사람이 행복한 사람입니다.

우리가 사는 이 세상은 잠시 머무는 곳에 불과합니다. 우리가 영원히 머물 곳은 하나님 나라입니다. 그러기에 예수님을 따르는 사람들은 땅의 상이 아닌 하늘의 상을 기대하며 살아야 합니다. 그렇게 살았던 사람들이 믿음의 선배인 선지자들입니다. 그들은 하늘나라의 기준을 세상에 알리며 불의한 세상에 정의를 선포하며 살았습니다. 그들은 불의한 세상의 사람들에게 핍박을 당하고 어려움을 겪었습니다. 그러나 그들은 절망하거나 포기하지 않고 세상 한 가운데서 하나님의 의를 선포했습니다. 그들은 행복한 선지자들이었습니다.

이러한 믿음의 선배들과 같이 이 시대를 향하여 하나님의 의를 선포하는 선지자로 살아야 합니다. 그것이 우리의 부르심이요, 이 시대를 사는 그리스도인의 사명입니다. 선지자가 제 역할을 못하면 시대는 악해지고, 부패하게 마련입니다. 하나님 나라를 소원하며 자신의 역할을 잘 감당하기를 바랍니다.

선지자는 불의에 대해 민감한 사람입니다.

불의한 일에 대해서 극도로 민감하고 예민하게 반응하는 사람이 선지자입니다. 남들이 볼 때는 하찮은 일이고 작은 문제일지 모르지만 선지자에게는 중요한 일이고 큰일입니다. 그래서 소란을 떠는 사람입니다.

사람들은 불의한 세상과 적당히 타협하고 살아갑니다. 세상을 살다 보면 그럴 수밖에 없다고 말하지만 선지자들은 절대로 그렇게 살아서는 안 된다고 말하며 분노합니다. 그래서 남들이 볼 때 비정상적인 사람들이 그들입니다.

남들에게 비웃음을 사면서까지 그렇게 사는 이유는 하나님이 불의를 미워하는 거룩한 분인 줄을 알기 때문입니다. 하나님의 거룩함을 사모하는 자는 불의를 미워하고 분노합니다.

거룩함은 하나님의 성품이며 세상을 바르게 살 수 있는 기준이기도 합니다. 거룩함은 다른 말로 하면 하나님의 정의(正義)라고 말할 수도 있습니다. 그래서 거룩하게 사는 것은 한마디로 착하게 사는 것입니다. 이것을 잘 설명하고 있는 성경이 레위기인데 레위기에는 거룩함을 가난한 사람들을 도와주고 어른을 공경하고 일꾼들에게 임금을 제대로 챙겨주는 것으로 설명하고 있습니다. 우리가 일반적으로 생각하는 거룩함과는 좀 다릅니다.

하나님의 기준을 가지고 세상을 살아가기 원한다면 하나님의 말씀을 묵상하고 연구해야 합니다. 성경은 단순히 내 마음을 편안하게 해주는 위로의 책이 아닙니다. 뭐가 잘못됐고 옳은지를 판단할 수 있도록 기준을 세워주는 것이 성경말씀입니다. 말씀을 제대로 알고 있어야 어떤 일이 불의한 일인지를 알 수 있고 또한 그러한 일에 대하여 아니라고 말할 수 있습니다. 그래서 성경의 말씀을 제대로 이해하고 말씀대로 행하기 시작하면 역사를 바꾸고 나라를 바꿀 수 있습니다.

선지자는 불의에 대해 침묵하지 않습니다.

선지자는 말하는 자입니다. 선지자는 불의한 현실을 보며 침묵하지 않습니다. 누군가 대신 말해주기를 기다리지도 않습니다. 그는 늘 입을 열고 외치는 자입니다. 자신의 입을 열어서 하나님의 기준을 선포합니다. 자신의 입을 열어서 땅의 기준이 아닌 하늘의 기준을 말합니다. 자기의 입을 열어서 잘못되었기에 고치고 바꿔야 한다고 외치는 사람이 선지자입니다.

세상의 불의에 대해서 침묵한다면 그것은 불의와 타협하는 것과 다르지 않습니다. 침묵하는 것은 방관자로 있겠다는 것입니다. 하나님께서 선지자로 부름받은 사람들은 불의한 현실에 대하여 침묵하며 기도만 하고 있지 않았습니다. 그들은 하나님의 정의를 알았고 그래서 불의한 현실을 보면서 분노하고 기도하면서 외쳤습니다. 그들은 길 한가운데서, 시장 한복판에서, 때로는 왕 앞에서도 죽음을 각오하고 정의를 외쳤습니다.

영국의 노예 무역을 폐지하고 노예들을 해방한 윌리엄 윌버포스는 영국에서 아주 유명한 국회의원이었습니다. 당시 영국은 노예 무역을 통해 국가 재정의 상당 수익을 얻고 있었습니다. 이러한 불의한 현실에 대하여 의회도 침묵하고 교회와 지식인들도 침묵하며 방관했습니다. 국가의 발전을 위해서는 어쩔 수 없다는 것이 사람들이 침묵하는 이유였습니다.

그러나 신실한 그리스도인이었던 그는 불의한 현실을 보면서 침묵하지 않았습니다. 하나님의 정의가 무엇인지를 안 그는 의회에서 외쳤고 교회에서 외쳤고 여러 모임에서 노예 무역의 폐지와 노예들의 해방을 외쳤습니다. 그가 신실한 그리스도인임을 안 사람들은 성경을 의회에까지 끌어들이지 말라고 경고하였고 어떤 단체에서는 살해하겠다는 협박까지 했습니다.

그러나 그는 죽음을 두려워하지 않았고 더 크게 외치며 노예 무역의 폐지와 노예들의 해방을 위해 노력했습니다. 결국 영국의 노예제도는 폐지되었습니다. 그로 말미암아 많은 사람들이 행복하게 되었습니다.

기억하십시오. 외쳐야 변화됩니다. 외치면 변화될 수 있습니다. 외치지 않고 침묵하면 변화는 일어나지 않습니다. 누군가 말해야 한다면 예수님을 따르는 그리스도인인 당신이 말하기를 바랍니다. 누군가 외쳐야 한다면 당신이 외치십시오.

선지자는 세상 속에서 바른말을 하는 왕따입니다.

직장에 다니는 분이 상담을 해왔습니다. 직장에서 송년회를 하는데, 그 장소가 고급 호텔이라는 것입니다. 물론 모두 회사 돈으로 지불하는 것이지만, 내부적으로 어려운 시기에 사치스럽지 않느냐는 의견도 있었습니다. "그 예산으로 고기를 배불리 먹고, 남은 돈으로 불우한 이웃을 돕자"는 것이었습니다.

몇 사람이 모여서 의견을 모았지만 감히 나서서 말하는 사람은 없었습니다. 왜냐하면 대부분의 사람이 고급 호텔에서의 식사를 기대하고 있었기 때문입니다. 누군가 나섰다가는 왕따당할 것이 분명했습니다.

그가 어떻게 하면 좋겠느냐고 물었을 때, 나는 '그리스도인인 당신이 사장님께 말씀드리라'고 권면했습니다. 이 말을 듣고 그는 자신이 총대를 맸습니다.

직원들의 반응은 냉담했습니다. 자기 돈이 들어가는 것도 아니고, 회사의 돈으로 호텔에서 송년회 하는 것인데 무얼 그리 나서느냐는 것이었습니다. 사람들은 환영하는 대신 비웃고 조롱합니다. 혼자 잘난 척한다는 말까지 듣습니다.

의를 말하는 선지자로 살면 왕따가 될 수밖에 없습니다. '왕따'에는 우리가 모르는 성경적 해석이 있습니다. 바로 '왕' 되신 하나님을 위해 '따'로 준비된 사람이라는 뜻입니다. 예수님을 따르는 그리스도인은 세상과 따로 분리된 사람입니다. 불의와 타협해서 환영받으려고 하거나, 불의를 보고 침묵하는 방관자가 되지 마십시오. 적당히 타협하는 삶을 거부해야 합니다. 불의한 다수가 있는 세상에서 공의를 외치는 의로운 소수가 되어야 합니다.

세례 요한은 바른말을 하다가 목이 잘려 죽었습니다. 그는 철저한 왕따였습니다. 낙타털 옷을 입고 메뚜기를 먹으면서 왕따로 살았습니다. 매일같이 그는 사람들에게 "회개하라 천국이 가까이 왔느니라"라고 외쳤습니다. 왕의 잘못에 대해서도 예외는 아니었습니다. 여러 사람에게 미움받은 그는 결국 죽임을 당했습니다. 그가 패배자일까요? 아닙니다. 그는 승리자이고 하늘의 상을 받은 사람입니다.

예수 믿는 사람이나 안 믿는 사람이나 다 똑같다는 말이 여기저기서 들려옵니다. 교회와 믿는 사람들이 불의한 세상에 대하여 침묵하거나 타협하고 있기 때문입니다.

세상을 향해 하나님의 진리를 말해야 합니다. 그 일로 인해 핍박당할 일이 생기면 차라리 핍박당하기 바랍니다. 우리가 바라는 것은 이 땅에서의 상급이 아닙니다. 하늘의 상급을 소망하는 이 시대의 선지자가 되기를 소망합니다.

내 삶에 적용해보기

1. 정의를 위해서 핍박받는 사람을 보며 무슨 생각이 들었나요?
2. 오늘날에는 누가 선지자의 역할을 해야 할까요?
3. 주변의 불의한 일을 보고 그냥 지나친 적이 있나요?
4. 다른 사람 대신 바른 말을 했다가 불이익을 당한 적이 있나요?
5. 예수님을 믿는 사람과 믿지 않는 사람의 가장 큰 차이는 무엇일까요?.

마치는 말

예수님이 주시는 행복

언제부터인지 모르지만 성공한 사람은 신앙생활을 잘하는 것이고 실패한 사람은 신앙생활에 문제가 있는 사람으로 취급하는 경향이 있습니다. 성공하면 행복하고 실패하면 불행하다는 논리가 사람들의 생각을 사로잡고 있습니다. 이것은 예수님의 뜻대로 사는 것이 마치 '성공하는 삶'인 것처럼 가르치는 메시지와 관계 있는 것입니다. 그래서 성도들은 예수님의 뜻대로 사는 것이 아니라 예수님을 이용해서 성공하기 위해 교회에 나가는 것처럼 보이기도 합니다.

교회를 보는 시각도 마찬가지입니다. 크게 성공한 교회와 실패한 교회로 나뉩니다. 건물을 크게 지어 사람이 많이 모이고 헌금의 액수가 많으면 성공한 교회입니다. 그리고 목회자는 성공한 목사로 인정받습니다. 그러나 상가 건물에 세 들어 있고 모이는 사람도 적으며 헌금의 액수도 적다면, 실패한 목회자, 문제 있는 교회로 분리됩니다. 그래서인지 목사님들이 '성공하는 교회를 만드는 방법'을 가르치는 세미나에 참석하고, 성공한 교회들을 방문해서 그 비결을 배우는 데 열심입니다.

그러나 소위 '성공한 교회'가 늘어났는데, 왜 사회는 더 병들어가고 있는 걸까요? 갈수록 흉악 범죄가 늘어가고 삶을 비관한 자살도 증가 추세입니다. 예수님은 우리에게 세상의 빛이 되라고 하셨습니다. 우리가 지금 세상의 빛으로 살고 있는지 돌아보아야 합니다.

오늘날은 치열한 경쟁 사회입니다. 대학 입시가 그렇고 취업도 마찬가지입니다. 전쟁과 같아서 수단과 방법을 가리지 않으면 싸움에서 승리하기 어렵습니다. 이 사회에서 배려와 양보가 사라진 지는 오래입니다. 학교 교육은 인간답게 사는 방법을 가르치는 것이 아니라 싸워 이기는 방법을 가르칩니다. 일등을 해야 행복할 수 있다고, 그래야 성공한다고 가르치고 있습니다.

그런데 문제는 교회도 마찬가지라는 것입니다. 교회끼리 싸우고 경쟁하기도 하고 때론 교회 안에서도 싸우고 분열합니다. 예수를 잘 믿고 공부를 열심히 하면 명문대학에 합격할 수 있다고 학생들을 가르칩니다. 뿐만 아니라 운동경기에서 금메달을 딴 사람, 돈을 많이 벌어 헌금을 많이 한 사람만이 성공한 사람이라는 인식이 팽배합니다. 고등학교를 졸업하고 취직한 사람은 인생에서 실패한 불행한 사람일까요? 금메달은 고사하고 예선에서 탈락한 운동선수는 예수님을 제대로 믿지 못한 것일까요?

예수님으로 인해 행복한 것이 아니라, 성공해야 행복하다고 믿는 사람이 아직도 많습니다. 그러나 예수님이, 우리가 생각하는 성공을 위해 세상에 오신 것이 아님을 우리는 알아야 합니다. 나의 행복보다는 하나님의 뜻이 중요합니다.

어느 교회에서 청소년부의 책임을 맡아서 1년여 정도 사역을 한 적이 있습니다. 이미 1,000여 명이 모이고 있었고 교사만도 100여 명이 넘는 소위 '부흥하는' 청소년부였습니다. 그러나 나에게는 배가(倍加)를 위한 목표가 있었습니다. 날마다 2,000명이 모이게 해달라고 기도했고 모든 학생과 교사에게도 강조하고 또 강조했습니다.

교회에서는 충분한 예산을 지원해주셨고 집회 때마다 고가의 경품을 내걸어 아이들을 불러모았습니다. 매 주일마다 아이들이 몰려왔고 나는 자신감을 가지고 반드시 2,000명이 모이게 될 것이라고 사람들에게 외쳤습니다. 매주 출석하는 아이들의 수를 확인했고 많은 수가 모이면 행복했고 출석하는 아이들의 수가 줄어들면 마음이 낙심되기도 했습니다. 그러면서도 확신을 가지고 날마다 기도했습니다.

그러던 어느 날 기도하는 가운데 하나님께서 나에게 "그것은 네가 원하는 것이냐? 내가 원하는 것이냐?"라는 질문을 하신다는 느낌을 받았습니다. 순간 나의 숨겨진 욕심과 야망이 들켜버린 듯 부끄러움에 사로잡혔습니다. 왜냐하면 2,000명을 모이게 해달라고 하는 기도는 순전히 나의 바람이자 욕심이었기 때문이었습니다. 나는 그 일을 통해 사람들로부터 인정받는 소위 말하는 성공하는 사역자가 되길 원하고 있었습니다. 뿐만 아니라 나의 행복은 아이들이 아니라 모이는 아이들의 수였습니다. 나에게는 아이들의 변화보다도 모이는 수가 더 중요했던 것입니다.

사실 교회에 새로 출석한 아이들의 상당수는 다른 교회에서 옮겨오는 아이들이었고 그로 인해 어려움을 당하던 개척교회들이 있었지만 상관하지 않고 사역했습니다. 그때 하나님의 뜻을 물었고 하나님께서 나에게 교회를 떠나 더 많은 청소년들을 위해 일할 것을 요구하신다는 느낌을 받았습니다. 그래서 교회를 떠나기로 결정했습니다. 남들 눈에는 실패한 사람으로 보였을지 모르지만 진정으로 찾아야 할 것을 찾았기에 마음은 행복했습니다.

경기도 일산에 십대교회가 있습니다. 이름 그대로 청소년을 위한 교회입니다. 가수 김장훈 씨 어머니인 김성애 목사님이 목회를 하시는데 이분은 70세가 훨씬 넘으셨습니다. 어른들보다는 젊은 청소년들이 더 많이 모여 있기에 수입보다는 지출이 더 많은 교회입니다. 모이는 인원도 100여 명이 되지 않습니다. 작은 교회이고 모이는 수도 헌금도 많지 않지만 목사님께서는 절대로 자신을 실패한 목회자로 생각하지 않으십니다. 아주 행복하게 목회를 하십니다. 당신이 좋아하는 아이들과 매주 함께할 수 있다는 것이 목사님의 행복의 주된 이유입니다. 그분의 유일한 관심은 청소년들의 행복입니다. 남들이 보기에는 가난하고 몇십 명의 청소년이 모이는 작은 교회의 목회자일지 모릅니다. 하지만 묵묵히 자신에게 주어진 일에 만족하시며 기뻐하시는 목사님이야말로 세상에서 가장 행복한 사람일 것입니다.

내가 한 달에 한 번 정기적으로 설교하는 개포감리교회가 있습니다. 20여 년 전에 시장건물을 사서 교회로 개조하여 쓰고 있습니다. 특별한 수단이나 방법을 간구하지도 않는데 사람들은 매주 찾아오고 그래서 이제 모이는 교인은 700~800여 명이 됩니다. 교회에서 멀지 않은 곳에 텃밭을 사서 농사를 지은 고추와 상추로 늘 식탁을 풍성하게 차려서 주일 예배 후에 모든 사람들이 함께 식사합니다. 항상 시골의 어느 교회에 온 듯한 착각을 일으킬 정도입니다. 담임하고 계시는 안성옥 목사님은 헌금을 강조하지 않고 건축을 위한 작정헌금도 요구하지 않습니다. 교인들의 문제를 지적하는 것이 아니라 교인들의 훌륭하고 뛰어난 점을 늘 자랑하시고 자신을 믿고 따라와주는 교인들이 고맙다고 그래서 행복하다고 말씀을 하십니다. 그래서인지 교인들의 얼굴에는 늘 웃음이 가득합니다. 군대를 가거나 외국으로 떠나는 사람들을 불러다 일일이 기도해주시고 꼭 용돈을 챙겨주시는 목사님은 때론 형님이고 아버지입니다. 목사님의 관심은 교인들의 수와 헌금이 아닌 교인들의 행복에 있습니다.

    교회는 세상의 사람들을 행복하게 해주어야 할 책임과 의무가 있습니다. 다시 말하면 예수님의 가르침대로 사는 교회가 있어 모든 세상의 사람들이 행복해야 합니다. 그것이 교회의 존재 목적입니다. 교회가 가지려고 하지 말고 나누어주면 됩니다. 커지려고 하지 말고 작아지면 됩니다. 높아지려고 하지 말고 낮아지면 되는 것입니다. 사람들을 자꾸만 예배당에 불러 모으는 것이 아니라 세상으로 보내주면 됩니다.

예수님께서는 죽으시기 바로 전날에 제자들에게 빵을 떼어 주시며 "이건 내 몸이다"라고 하셨고, 포도주를 따라주시며 "이건 내 피다"라고 말씀하셨습니다. 빵과 포도주가 실제로 예수님의 몸과 피가 되는 것이 아니라 우리를 위해 모든 것을 내어 주신 예수님의 희생과 죽음을 알려주시는 말씀이었습니다. 예수님은 우리 모두의 행복을 위해 고초를 겪으시고 당신의 목숨까지 나누어 주셨습니다. 예수님께서 그러신 것처럼 우리도 더 가지려는 욕심을 버리고 가진 것을 세상의 모든 사람과 나누어야 합니다.

성공을 부르짖던 목소리를 잠잠히 하고 이제는 산 위로 올라가야 합니다. 문제를 해결하기 위해서가 아니라 예수님의 가르침을 듣기 위해 올라가야 합니다. 그분의 말씀으로 병든 우리의 마음을 치료해야 합니다. 소유와 성공으로 인한 행복이 아닌 그분으로 인한 행복을 회복해야 합니다. 그리고 세상으로 가서 예수님께서 그러하셨던 것처럼 나눔과 베풂의 삶을 산다면 나와 모든 사람이 행복하게 됩니다.

예수님께서 우리에게 주시는 최고의 행복은 마음이 평안입니다. 어떤 상황에 있든지 상관없이 마음의 평강을 주셔서 우리의 마음과 생각을 지켜주십니다.

> 아무것도 염려하지 말고 다만 모든 일에 기도와 간구로, 너희 구할 것을 감사함으로 하나님께 아뢰라 그리하면 모든 지각에 뛰어난 하나님의 평강이 그리스도 예수 안에서 너희 마음과 생각을 지키시리라(빌 4:6~7).

그래서 사도 바울은 감옥에 갇혀 있는 상황이었지만 빌립보서 4:11~13에서 "내가 궁핍하므로 말하는 것이 아니니라 어떠한 형편에든지 나는 자족하기를 배웠노니 나는 비천에 처할 줄도 알고 풍부에 처할 줄도 알아 모든 일 곧 배부름과 배고픔과 풍부와 궁핍에도 처할 줄 아는 일체의 비결을 배웠노라"라고 행복을 고백하고 있습니다.

원하는 것을 가졌거나 문제가 해결되었기 때문에 행복한 것이 아닙니다. 하늘이 주신 평화가 마음 안에 있어야 합니다. 그 평화는 어떤 상황에서도 행복하게 만드는 원천입니다.

> 평안을 너희에게 끼치노니 곧 나의 평안을 너희에게 주노라 내가 너희에게 주는 것은 세상이 주는 것과 같지 아니하니라 너희는 마음에 근심하지도 말고 두려워하지도 말라(요 14:27).